Entretiens
Paul Ricoeur-Gabriel　［法］保罗·利科　　　［法］加布里埃尔·马赛尔 ————— 著
Marcel

陆达诚 ————— 译

 # 保罗·利科 六访 马赛尔

上海 人民出版社

译　序

陆达诚

1970 年秋我抵达巴黎,准备在巴黎大学读个学位。有长辈向我建议:巴黎大学有两位出等的教授,可以请其中一位担任导师。这两位教授的名字是:列维纳斯和利科。我挑选了列维纳斯。

此后我常与导师见面,他辅导我写完了博士论文。列维纳斯和利科都是马赛尔的学生。他们创立了"哲学星期五",这个组织聚集了一群哲学爱好者,每周一次,在马赛尔的指导下,深入切磋哲学的问题。

第二次世界大战时,利科参与保卫战不幸被俘囚于德国监狱中数年。战争结束后,他回到巴黎,第一件事就是拜访马赛尔。他渴望知道:这些年来,马赛尔的思想是否有新的见地。

利科在二十年后,不但已在巴黎大学任教、出版了许多重要的书,还被邀请到欧美各国去讲学,可说著作等身,名满天下。但此时他却回来向恩师讨教,可见马赛尔在他心目中的重要性。

这六次访问，奠定及加深了利科的哲学根基，他发展出独特的诠释理论和现象学的反思，使法国哲学有"柳暗花浓又一春"（司马光诗句）的新鲜感觉。

从这六次拜访的记录中，我们可以看到马赛尔的思想实能助人重生，寻获人生的价值，使后生能冲破悲观的余迹，找到一大片光明的天地。这本书能在上海人民出版社出版，实是我华人之福。愿更多寻找真理的朋友，能在本书中窥知人生的真谛，再将它与中国的文化和智慧结合，使读者都能再上一层楼，终使亿兆中国人民活得更丰硕与幸福。①

2023 年 9 月

---

① 本书前后有两篇拙作：《保罗·利科的存有论立场》及《马赛尔的剧本〈破碎的世界〉——一个存在性的诠释》，有关现象学的讨论内容有相同之处，切请读者原谅。

目　录

上编

保罗·利科六访马赛尔

[法]保罗·利科

[法]加布里埃尔·马赛尔

著

陆达诚　译

导读　保罗·利科的存有论立场

1973 年 10 月 8 日，法国存在哲学家加布里埃尔·马赛尔（Gabriel Marcel）在巴黎仙逝，享寿 84 岁。丧礼过后，他的朋友一致期望成立一个永久性的马赛尔友好协会，为了纪念他，也为了承续他的学术志业。稍后，这个协会在巴黎正式成立，取名为"马赛尔的临在"，而保罗·利科（Paul Ricoeur）当选为该协会的主席。

保罗·利科被推选为"马赛尔的临在协会"的主席，实为上上之选。因为 21 岁（1934）的利科在巴黎大学准备哲学教师资格考时，每周五傍晚会去马赛尔的公馆拜访。那里有一批志同道合的学生围着马赛尔一起讨论日间学到的哲学问题。他们享有白天在大学里从未体验过的自由讨论的气氛。参与者会逐步深入问题的核心，追究概念的真义。这是有名的"哲学星期五"的滥觞。

这些年轻人之中后来有不少成为众所周知的哲学名人，如梅洛-庞蒂（Merleau-Ponty）、萨特、列维纳斯（Emmanuel Lévinas）、别尔嘉耶夫（Berdyaev）等。保罗·利科说：

马赛尔是在很久以前就同我缔结了极深关系的人物。1934—1935 年间，我正在准备中学教师资格考；此后一直到他 1973 年去世为止，我经常会向他请教。从1934 年起，我开始勤于参加在马赛尔家举行的著名的"星期五晚会"。我们选择一个讨论的主题，从具体的例子出发加以分析，再凭借理论来支持所辩护的观点。我在那里体认到一种在巴黎大学从未曾有过的讨论方式。在他家里，我们拥有那种借着不断进行讨论而进现的活泼思想。此外，在阅读马赛尔的著作时，我们感受到的不是一条蜿蜒在远方的激流，而是近似于坚定但活跃的溪河，这是由于追究正确字意所得来的结果。我们以这种方式一周一周地讨论下去，每次两三个小时，每个人都可以大胆地思考和主动地表达出自己的想法。这样稍稍得以弥补巴黎大学在哲学的教育过程中可能有的欠缺。我相信在敢于尝试建构哲学这方面，马赛尔对我的启发和指导，是我永志难忘的事。①

1948 年至 1957 年保罗·利科在斯特拉斯堡大学任教时，他采用同一种方式教导学生，沟通师生之间有关哲学论题的

---

① Paul Ricoeur, *La critique et la conviction-Entretiens avec Francois Azouvi et Marc de Launay* (Paris, Calmann-Levy, 1955), p. 42. Cited in *Entretiens Paul Ricoeur-Gabriel Marcel* (1st edition, Paris: Aubier, 1963; 2nd edition, Presence de Gabriel Marcel, 1998), p.5.

阻滞。他创立了"主日下午咖啡"。①

　　1948年，保罗·利科出版了与杜夫海纳（M. Dufrenne）共同撰写的《马赛尔与雅斯贝尔斯：奥秘哲学和吊诡哲学》（*Philosophie du mystère et philosophie du paradoxe*）一书。此后20年间他发表过博士论文《意志哲学》（1950，1960），有关弗洛伊德（1968）和诠释学（1969）的书籍。他在斯拉特斯堡、索邦（巴黎第一大学）、南泰尔（巴黎第十大学）及国外如比利时鲁汶、美国费城、芝加哥等地教过书。当他于1968年前来造访马赛尔时，已名满天下。我们且听马赛尔的欢迎辞：

　　　　我对有您这样的一位对话者感到荣幸。我带着激动的心情回想您常来寒舍的时光。是啊，差不多三十年了，您同马克西姆·查斯坦（Maxime Chastaing）、罗杰·阿纳尔德斯（Roger Arnaldez）等朋友，我们一起工作，一起反省可以叫我们废寝忘食的问题。这给我留下了一个极为宝贵的记忆。我可以毫不费力地想起那些不凡的伙伴，我们在一起一次又一次地深谈，我也记得做记录的同学的面容。

　　　　说真的，今天我们又可以聚在一起谈话，对我而言实在是无上的幸运。您今日可以说是在您职位的顶峰，您确实是巴黎大学名师之一，您是最能使一切学生尊敬及喜爱的老师之一。②

① 沈清松：《吕格尔》，台北：三民书局2000年版，第21页。
② 见本书第34页。

第二次世界大战时,保罗·利科参军以保卫祖国,不幸被德军俘虏,关入集中营五年(1940—1945)。其间,他学了德文,翻译了胡塞尔的《观念 1》。胡塞尔的现象学对他影响极大,其作品成为保罗·利科未来的重要研究和教学的对象之一。

1973 年 8 月 24—31 日,时值马赛尔去世前两个月,他的朋友和学生相聚在瑟里西拉萨尔城堡(château de Cerisy-la-Salle),围着马赛尔,切磋他的哲学思想,这一阶段发表的第一篇论文是利科的《马赛尔与现象学》①。文中他比较他的两位老师:胡塞尔与马赛尔。他毫不含糊地说是马赛尔引导他逐渐采用某种他一生拳拳服膺的存有论立场的。

在这篇导论中笔者为介绍保罗·利科的存有论立场,引用了两份资料,其一是利科在 1968 年对马赛尔的六次访问,其二是他在 1973 年马赛尔座谈会上所发表的文章。

一、六 次 访 问

(一) 第一次访问:辩证对哲学而言是必须的吗?

访问伊始,马赛尔和保罗·利科互道久别重逢的喜悦。虽然利科这些年来大量阅读及教学,使他身为学者的内涵增厚不少,但他对于马赛尔的哲学思想仍有极大的兴趣,希望借

---

① Paul Ricooeur, "Gabriel Marcel et la phénomenologie", *Entretiens Autour de Gabriel Marcel* (Neuchatel, Baconniere, 1976), pp.53—94.

此访问可以更了解他，并对其哲学中的某些重要论点深入地交换意见。

寒暄过后，他提到马赛尔早期的作品，特别是第一本《形上日记》(*Journal Métaphysique*，1927)。该书是作者做博士研究生时的灵感摘要，没有整合，没有系统。这本日记有上下册，二册共 306 页。上册自 1914 年 1 月 1 日至 5 月 8 日(第 3—126 页)，下册自 1915 年 9 月 15 日至 1923 年 5 月 24 日(第 129—306 页)。上下册的文体截然不同。两册之间相隔 17 个月没有记录。利科问道：

当我们打开《形上日记》时，该书上、下册的异象立即跃然纸上。首先，它的书写形式是令人吃惊的严格辩证。我相信您自己很早就对它的表达方式非常讶异。您殚精竭虑地要攻击"制度"，但却用制度的王牌——辩证——来攻击它。

下面是我的第一个问题：您的作品从一开始，由于过分使用辩证法，反而给非理性主义背了书吗？您今天如何阅读《形上日记》上册呢？①

这是真的，马赛尔曾多次表达过他非常厌恶用辩证来攻击辩证。他甚至直说《形上日记》上册的书写方式常叫他忍无

———————
① 见本书第 35 页。

可忍,但他缺乏合适的词汇使他跳出辩证的天罗地网。第二次世界大战把他从孤独的研究生涯中拯救出来,使他与真实世界有了第一手的接触。《形上日记》之所以中断 17 个月,就是因为他参军而中止的。他因体弱无法到前线作战,就留在后方,在红十字会办公室负责寻找失联的兵士。他每天接待不少忧心忡忡的妇女,她们前来询问她们亲人的下落。他面对这些活生生的个体,她们是"您",不是"她/他"。他内心的爱和关怀之情终于被激发,使他开始了悟"互为主体性"的奥秘。一位具体的个体取代了共相和抽象的"人"的概念。"您""互为主体性"及"临在"这些词汇开始在他的作品中出现。马赛尔本身的从抽象到具体的皈依可以恰当地解释《形上日记》下册文体的转变。这个转变是决定性的,导致他不再回到以前的立场。这就是为什么他一再严厉地批判他的《形上日记》上册的原因。

然而四十年后光景不同了:利科注意到法国的哲学生态有了变化,他问道:

> 在存在主义的气势稍退的今天,在一个再次肯定严密思考必要性的时刻,您不觉得《形上日记》第一部分中的概念分析值得我们再加以肯定吗?①

———————

① 见本书第 37 页。

马赛尔完全同意,甚至认为《形上日记》上册对了解他的整体思想来说是不可或缺的,他不后悔曾如此书写过。

(二)第二次访问:存有的哲学

第二次访问时,利科提出有关"存在"和"存有"的话题。马赛尔不认为"存在"是一个需要证明的哲学命题。笛卡尔、谢林和海德格尔都提出过存在的问题。马赛尔认为这样的问题是无用和多余的。因为存在的问题预设问者的存在。而存在是一切人的行为,包括思维,都以存在为不可或缺的条件。

那么关于"存有",他怎么说呢?

马赛尔承认,在《形上日记》(下册)第177页(1919年3月6日),他对"存有"有了一个新的解读。之前,他把"存有"看成一个过时的中世纪概念,不切合实际。世界大战的经验将他彻底改变了。战争使他从抽象到具体、从客体性到主体性、从局外人的观望到切身参与、从问题到奥秘的角度来看百象。而这一切变化幕后的启动因素就是"存有"。在新的解读下,马赛尔为"存有"的观念赋予活力和新生命。他令"存有"的概念起死回生了。"存有"今后不再是一个空洞的概念、抽象的最高抽象,而是一切积极价值的代名词,诸如:爱、意义、丰富感、能量、光、希望、喜乐、临在……

利科引马赛尔书中的话说:

"存有"不会欺骗人。当我们的期待得到满足时,"存有"就有了。我讲的这个期待,是我们都参与的期待。一个否定"存有"的学理表达的是"一切都空无所有"。那就是说:"不必有所期待。只有不期待什么的人,才不会被欺骗。"我相信只有在这个基础上我们才能询问"存有"的问题。说"一无所有",是说没有任何东西有价值。①

利科又引了另一段话:

"存有"是必须有的,因为一切事物决不可能化约为一连串互不相关的表象游戏——"互不相关"是个重要的形容词,或者借用莎翁的句子:(化约成)一个由白痴讲述的故事。我急切渴望以某种方式参与这个"存有"。②

在访问中,马赛尔告诉保罗·利科,当他写这些内容时,他想反对的是二次大战期间欧洲弥漫的阴霾气氛。那时占优位的是一种集体性的绝望。马赛尔肯定"存有"是为了驱除绝望之魔——"存有"乃是希望之基础。

我们应当感谢虚无主义者,他们的思想把马赛尔驱向相反方向的发展,从而对"存有"有了新的诠释。就像他说的:

---

① *Journal métaphysique*(Paris: Gallimard, 1927), p.177;见本书第44页。

② Marcel's article "Position et approches concrètes du mystère ontologique"; in *Le Monde cassé*(Paris: Desclée de Brouwer, 1933);见本书第48—49页。另见陆达诚译,《存有奥秘之立场与具体进路》,《存有的光环》,台北:辅大出版社2002年版,第274页,另,《存有的光环》简体版已于2016年在复旦大学出版社出版。

我们绝对不会对思想史上伟大的悲观主义者具有足够感激的理由,他们把某个内在经验推到其极限……这些悲观主义者给我们作好了准备,为了解:失望能够成为那为尼采—布满死亡暗礁,实际上低于本体层面之一个最高断言的跳板。①

马赛尔对"存有"的诠释一旦成形,西方哲学似乎接受了一道豪光,照亮了整个欧洲,欧洲大陆的哲学风气大为改变。

我们可以肯定:保罗·利科采用了马赛尔的存有观念作为他的存有论的立场。在这个基础上,他逐步发展出他的诠释学。

(三) 第三次访问:戏剧与哲学

马赛尔曾写过 50 个剧本,其中 30 个出版了。研究他的学者一般而言只对他的哲学感兴趣。但马赛尔对其戏剧情有独钟,他认为他的剧本给他打开广大的视野,而后可以成为哲学的主题。所以他强调他的剧本比他的哲学先走一步。另一方面,二三十年来他的哲学被太多的阅读、分析、评论、引述所抽取、割裂而失去了原有的活力,但在同一时期,马赛尔的剧本依旧生气蓬勃。②我们也许会感到好奇:为什么他的戏剧作

---

① 陆达诚译,《存有奥秘之立场与具体进路》,《存有的光环》,台北:辅大出版社 2002 年版,第 290 页。

② 参见本书第 53—54 页。

品始终能够保持他的思想原味不流失呢?

马赛尔声明他不是一个"论文剧作家"(thesis-dramatist),那表示他不预定一个论点,然后利用剧本来大大加以宣扬。他写戏剧时不像一个演傀儡戏的师父把自己的话放到傀儡的口中那样;相反地,他给演员完全的自由,让他们自己说话。[1]这样,马赛尔创造的是自主而有活力的角色。他们的对话是实时性的(ex tempore),就像在"自动书写"的通灵活动中,书写者所写的内容依附另一灵体之推动。[2]马赛尔的剧中人的对话也是他们自己在交换他们自己的情绪和思想而说的话,作者似乎只是剧中人对话的录音者。所以他说,他思想流露的程度和速度在剧本中大于、先于他的哲学著作。从他剧中奔涌而出的言语背后潜伏着丰富的含义。诠释学在此可以大显身手,挖掘并解读其弦外之音。

关于戏剧方面,还有一个重点可谈,马赛尔认为通过真实的对话可以达到"高级正义"。利科说:

> 您的剧作给人比较深刻的印象之处在于:它从一而终地在刻画像您说过的"更高级的相似爱德的正义"。剧中人物的命运纠缠在一起,无法纾解。您从不以判官的身份来推动戏剧的进行。[3]

---

[1] Compare with Heidegger's "Let being be".

[2] See Marcel's play "L'iconoclaste"(1923),该文在 1973 年以附件方式出现在 *Percées vers un ailleurs*(Paris:Fayard)。

[3] 见本书第 55 页。

马赛尔回答说,在他家里,曾几何时有个离婚的个案出现,每个人对此事都有不同的意见。每个人似乎都是自己看法的囚徒。他作出结论:

> 我很早就需要把我提升到一个可以包含众人的层面,在那里,每个人拥有自己的位置,每个人都可以为自己辩解。①

在他者面前可以相互尊重和开放的说话权利,使主体性的出现得以生成,私性和偏见得以克服。真理之光得以透入,而正义终能因彼此敞开心扉而明朗。所以能够发声的事实,包括相互攻击,是使人开放、朝向更大视野的方法。剧本中的对话提供了寻到更高正义的机会。我们可以说"互为主体性"高出"主体性"一筹,而戏剧是使我们可以具足这个特征的助缘。

(四) 第四次访问:基督教信仰

萨特在他的著名的演讲《存在主义是一种人道主义》(1946)中把存在主义分成二类,一类是有神论,另一类是无神论。他把自己和海德格尔归于无神论,而把马赛尔和雅斯贝尔斯归于有神论。

---

① 见本书第 55—56 页。

1947年,若干作者在吉尔森(E. Gilson)的领导下愿意出版一本名为《基督存在主义:马赛尔》的书。马赛尔不喜欢这个书名,可是他的朋友路易·拉韦尔(Louis Lavelle)劝他让步,他让了步。两年以后,他在一切场合都否定这个标签。但"基督信仰"的名称还是陪伴了他一生。在第四次访问中,利科聚焦于马赛尔的宗教身份的命题上。

马赛尔40岁时领洗入天主教,从前,他是一个不可知论者。然而他在日后澄清说,他领洗之前很久,就已一直坚信基督信仰内有极丰富深邃的东西,而身为哲学家的他,不能漠视而不去加以探索。他的善意在1929年终于成为事实。那个机缘是这样的:他的朋友戴尔波(Delbos)、杜博斯(Du Bos)和莫里亚克(Mauriac)推了他一把,使他最终能作出一个终极选择(final option)。他告诉利科他是非常安详地作了这个决定,完全没有焦虑之情。

他的太太杰奎琳(Jacqueline)是基督新教教徒,而他的小舅子是牧师,但他决定要入天主教,因为他要选择一个包含基督信仰全部真理的宗教。基督新教对他来说是一个有片面性、多变性及不一致性传统的宗教。

皈依后不久,他写了一篇不同凡响的论文:《存有奥秘之立场与具体进路》。他非常高兴,因为他终于能把他一生研究的心得,在信仰的角度下综合成为一篇系统性的文章。在这篇文章中,马赛尔明示他愿成为一种临界的基督徒(para-Christian),那是说一种站在门槛处的哲学家,里面有信仰团体的支持,外面可与非基督徒交谈。他要建立一种有普遍价值的哲学,那也就是说,一种能被非基督徒了解和接受的哲学。在文章的尾声,他如此写道:

> 基督教信仰之基本内容之存在确能使某些人想及我试用分析的一些观念,然而这些观念并不有赖于基督教义,它们并不预设基督教义。……一种酝酿的作用也能在我称之为基督氛围的边缘地区内发生。就以我自己来说,在我有最微小的成为天主教徒的意愿前二十年,我已开始有了这种酝酿的感受。①

一旦皈依了基督,马赛尔成功地整合了他的信仰和他的哲学。然而他避免使用神学词汇。这样,虽然他是基督徒,但他的哲学不是一个"主义"。他希望他的哲学能被任何信仰的读者了解及接受。他在用字上很节制,但他的内心却被信仰的活火燃烧着。他坚持基督信仰直至生命最后一刻,就像他在领洗前二天写的:

> 支持我最大的力量,是不愿站在出卖基督者一边的意志。②

---

① 《存有奥秘之立场与具体进路》,陆达诚译,第306—307页。
② 《是与有》,陆达诚译,台北:商务印书馆1982年版,第17页。

如果说天主教梵蒂冈第二届大公会议(1962—1965)之成功受到一些大思想家的启发,使天主教敞开大门,与外界沟通,那么称马赛尔为其中之一,他实当之无愧。这场会议不但给教会也给整个世界一个充满希望的新世纪。

(五) 第五次访问:投身(承诺)

笔者在马尼拉念哲学时,一位刚从比利时鲁汶大学取得学位的美国教授在上课时,喜欢用法文念 engagement 这个字,好像对他来说,用法文 engagé 念更能表达该字的强劲力道。存在哲学的跟随者从不会把"存在"看成只是一套理论,而是要以行动去加以实践的生命准则,包括投身参与社会和政治的改革……这是存在哲学家的神圣使命。

马赛尔的哲学一般来说是重振人的尊严。他的关键词是:临在、爱、希望等,好像重点都在个体的内心生命。因此利科愿意询问马赛尔:他如何看投身的问题,他是否关心尘世的事务。

马赛尔回答说,他记得他十岁时,德雷福斯事件①发生了。他的音乐老师是德雷福斯的亲戚。当老师同姨母谈这件冤案时,他异常关心地聆听着。他完全卷入了这个案件。年纪稍长后,在一些抗议聚会中,他常发声为这位军官辩护。

第一次世界大战爆发时,马赛尔阅读大量的外交文件,为

————————

① 指 19 世纪 90 年代法国军事当局对军官阿尔弗雷德·德雷福斯(Dreyfus)的诬告案。

了解法国参战是否合乎国际正义。在访问中，他同保罗·利科说，那时大部分法国知识分子并无这种关切。

这两个例子多少显示马赛尔并非只关心人类的内心完美。此外，在讨论人的价值时，马赛尔曾铆足劲攻击科技的优位。在他的《存有奥秘之立场与具体进路》一文中，他责怪科技把人缩减成"客体"，成为大机器的一个零件，或只是一个有功能性的存在（function）而已。在科技称霸的氛围中，人的主体性泡沫化了。人活得毫无尊严。为了使人重获主体性，马赛尔发展了"存有"的哲学。

35 年以后，1968 年，在这次访问中，马赛尔告诉利科他对科技的看法有所改变。他在访问中坦白说他在过去的作品中对科技的强烈批判是过分了一些。他说：

> 起初我对世界科技化抱着太敌对的态度，今天看来有些荒谬。我承认：我们今日连一分钟也不可能谴责科技。我确认科技本身是无辜的，是人把它用到坏的方面去，并且人们对科技从属的目的付出太少的关心。①

这次访问的尾声，他们对话的主题又回到"投身"上。马赛尔说对他而言有两种投身：一种是基本的，无条件的（fund-

---

① 见本书第 74 页。他应当受过德日进神父（Pierre Teilhard de Chardin, S.J.1881—1955）著作的影响。他房中挂着一幅德日进神父的照片，表示他欣赏这位科学家神父。

amendal），另一种是偶然性的（contingent）。他认为没有一个哲学家能拒绝第一种，因为只有他们才能体认"神圣"的深义。偶性式的投身是昙花一现的、有偏见的和极不稳定的。他呼吁哲学家们用自己清明的理性"永不止休地对政治和社会舆论施加压力"。

（六）第六次访问：光

最后一次访问中，利科直截了当地问他：

> 我们说过，并不存在所谓的马赛尔系统；但至少我们应该在讨论过的许多主题中清理出一条活泼的主轴，它可以涵盖不同的分支，像本体论、存在、戏剧、伦理诸方面。您能否把该主轴与您在《存有的奥秘》一书的序言中所提到的名称"新苏格拉底主义"相提并论呢？①

马赛尔说，"新苏格拉底主义"这个名称是一位名叫约瑟夫·舍尼（Joseph Chenu）的摩洛哥教授给他建议的称呼。马赛尔强调这个称呼的好处是说明了他的思想中有询问的色彩，而与那些隶属于制度麾下的人不同。后者会勉力迁就、凑合和保护他的制度，甚至可以"削足适履"，也会拒绝向对自己无益的新经验开放，甘心成为他的制度的奴隶。马赛尔还说，

---

① 见本书第81页。

他本人并非处在宇宙中心安排万事的上帝。他排斥成为宇宙中心的宣称，把他带入了"谦逊"的主题里去了。对他来说，谦逊是"存有"的真实见证人的记号。

见证，是为光作见证。利科说马赛尔首创了"光的形上学"。光照明、引导、吸引旅途之人与其他路人同步前行。这光也许变得黯淡，但它仍能指示晨曦的方向，而给人带来希望。

（七）小　　结

六次访问在光的主题下结束。那光是一道慷慨和慈祥的光。在光的概念中马赛尔对"存有"的诠释终于告一段落。当保罗·利科与马赛尔对话时，他试图调整他对他老师的知解，使它正确无误。这六次访问中，我们从未发现他们两人之间有什么异见。他们勉力做的是两人一起越来越近地靠近光源。虽然他们会谈的内容以马赛尔的作品为主，但显出师徒两人看法一致。在他们的基本共识上我们可以看到本篇导读的假设，即保罗·利科采用了马赛尔的存有论立场作为他自己的立场。

在这篇导读的下半部分，我们要听听保罗·利科如何比较他的两位老师：胡塞尔和马赛尔，从而可对马赛尔的存有论立场有更确切的了解。

二、保罗·利科有两位老师

年轻的保罗·利科在马赛尔的陪伴之下开始了踏上哲学

轨道的起步。在德军集中营里他研读了胡塞尔。这两个源泉汇合后产生了保罗·利科自己的专长：诠释学。然而，诠释学的主流在德国。这个学派基本上承接胡塞尔的现象学。我们在说明诠释学的德国源头时，无法不谈及现象学的角色。既然保罗·利科肯认马赛尔是他的两位老师之一，我们要问：马赛尔与现象学有关系吗？马赛尔也是现象学家吗？在这方面他影响过利科吗？下面，我们试图说明马赛尔的现象学身份，以及他对利科的诠释学有过什么贡献。

（一）马赛尔是现象学家

严格地说，马赛尔不是现象学家。他未师从过胡塞尔。虽然他自小会讲德语，因为他的保姆是德国人。他读过很多德文书，在他的书中引用过海德格尔、雅斯贝尔斯，甚至胡塞尔，但他似乎未曾受过多少胡塞尔的影响。

《现象学运动》一书的作者施皮格伯格（H. Spiegelberg）在他书中的法国部分，把马赛尔放在榜首加以介绍。他说：

> 马赛尔的《形上日记》确切地显示给我们该书作者的思考模式。马赛尔生动活泼地记录一个个新鲜、令他诧异而前哲从未接触过的新现象。新现象引申出新的问题，再激发出新的视野。他不轻忽半途出现的困难。他最在意的是不要压制这些不寻常的现象。因此《形上日记》名副其实地显出一种真实现象学的特色：渴望发现

新的及被忽略的现象，努力使它们明朗化，企求找到新的角度和新的进路，将之综合到有永恒价值的重要论说中去。①

毫无疑问，利科完全同意这个看法。现在我们要比较胡塞尔、马赛尔二位现象学的同异。

（二）胡塞尔和马赛尔的比较

保罗·利科于1973年8月在马赛尔座谈会上发表《马赛尔和现象学》一文。在细诉胡塞尔、马赛尔两位老师的异同前，他先说明他同两位老师的关系。他说：

> 三十多年来，我一直追随着这两位老师。事实上，就在1934年，我同时在《观念1》和《形上日记》两书中发现了胡塞尔和马赛尔。此后，我总不休止地追随着这两位老师，我一直要还我欠他们三十多年来的债。我翻译了胡塞尔的《观念1》，于1950年出版，我也写了一本比较马赛尔和雅斯贝尔斯的书，于1948年出版。②

这个声明清楚地展现了现今已成哲学大师的保罗·利科

---

① H. Spiegelberg, *The Phenomenological Movement* (The Hague：Martinus Nijhoff, third revised and enlarged edition, 1980), pp.448—469.

② *Entretiens autour de Gabriel Marcel*, op.cit. p.53.

与胡塞尔、马赛尔二哲的关系。他认为在他早期哲学的旅途中曾受惠于这两位大师的启发。马赛尔和胡塞尔两人创造性的概念与非传统的研究方法使年轻的保罗·利科着迷，也决定了他往后的哲学视野。那么这两位现象学家的主要哲学内容是什么呢？它们之间的相似点与差异点又是什么呢？为何保罗·利科在评估两人时会倾向马赛尔呢？

施皮格伯格列举数个现象，是他写马赛尔的现象学一章中所提到的：死亡、自杀、恐惧、生命、神圣、焦虑、身体、有、投身、参与、见证、可全在性、归属、创造性的忠信、邂逅、家庭等等。保罗·利科则关注一个特别的观点："有"。

1. 不同进路导引不同的方位

（1）马赛尔抱持"存有"之无法被客体化的观点

保罗·利科认为对马赛尔而言，在其"所有"与"所是"两者之间的区别，足以说明一种新型态的形而上学。因为从人的身体到其存有之间的内在关系，是与有的隔阂终于被超越了。"我的身体"不仅是一个我可拥有的事物，它更侵入到我这拥有他者的自身。"我的身体"是我的主体性和主体际性的共同拥有者。"我的身体"与我共同拥有我所有的"有"。"我的身体"就是"我"，因为"我"不是纯精神，而是一个与身体结合到密不可分的精神，我是一个"取体存有"（incarnated being）。"我的身体"与"我"的一元关系（immediate）是一个"有"参与"是"的特例。在这里，他逐渐发展出与"问题"不同的"奥秘"的概念。我的身体和我的关系是"奥秘"，不是"问题"。我无法对它界定、对它分析或化约。从"身体"概念开始的深入思考,让他把概念导入存在,使"是"与"有"的讨论落实,成就了马赛尔式的存在哲学。"有"牵涉渴望占有和害怕失落;"是"引发的是同在、互为主体性、临在和爱的正面经验。

(2) 胡塞尔用"还原法"来直观(intuit)一个客观的意义

保罗·利科在上述分析中看到马赛尔与胡塞尔在强调现象学进路及方法上有类同之处,如描写的重要、本质分析的兴趣以及转移想象(imaginary variations)的技术等。但保罗·利科立刻指出他们二人在出发点上已有所不同。这是有关"还原"(reduction)、"放入括号"(épochè)等观点。为了使事实的本质明朗化,胡塞尔要求暂时悬置对实在界的自然信任,把感觉、信念及存在性的关联放入括号。客体在意识之流中化为意向性的"所知"(noema)。大量的意向性行动的汇聚构成了客体的可认性,由此得以把握客体的真义。

另一方面,对胡塞尔来说,主体性也是在意向性中发现的。自我在意识之时间流中意向着一个意义。还原所启示的主体不在延续的时间中,而是一种注视着某物的能力,借此,意识能扣住过去的印象及预测未来的经验。主体与客体有"能知"(noesis)与"所知"(noema)的相应关系,二者在同一个意向之意识流中是同质的。意义是被意向的,而不是意识本身。保罗·利科称胡塞尔的现象学为意义的哲学。

（3）保罗·利科对二师的进路的辨识

保罗·利科认为二人的进路不难解释。对马赛尔而言，这是"含意性的有"（having-implication）①，对胡塞尔而言，这是"还原"。二人虽然都尽力地要通过直观描述或分析，捕捉、获取现象的本质，但他们的研究成果大大不同。马赛尔反省"有"的现象，使他了解"是"的无法剥夺的本质。临在的前逻辑的经验走在怀疑之前。存在的完整意义只在临在中启示出来，那是一种彻底投入的情境，一元化的参与。这种经验是认知和寻获意义过程的绝对预设。他者的存在性的启示不是客观式的合法、隔离或独立的自我，却是在互为主体之临在中的一个"你"，或一个潜性的"你"。此类关系发生在存在场域，而非在意识内。此处意向性指向一位活生生的他者，而不是一个意识流中之"所知"。马赛尔的鲜活情境与胡塞尔的理则处境截然不同，后者被马赛尔评为是"思想针对着自己给客体赋予的绝缘（insularité）"②。绝缘不是别的，而是临在关系的破裂。如果说还原是把存在的联系放入括号，那就是破裂。原先不能还原和简约的临在被简约了，为了使一个合法的、客观的实体出现。如此的还原变成一个制造客体的有力机器，为

---

① 马赛尔以后用"奥秘"代替"含意性的有"。后者在《是与有》中出现，主要为与"占有性的有"作对比。以人之身体为例，说明身体不是被有的，而是"同有者"。身心同为其他一切"有"之"有者"。见《是与有》，台北：商务印书馆1983年版，第152、154、157页。

② *Entretiens autour de Gabriel Marcel*, op.cit., p.60, "... l'insularité que la pensée confère aux objets par rapport à soi."

增加客观全体的内容提供服务。保持距离、无关心、拔根(déracinement)等概念就随之而来。利科不假思索地说："还原只能是使现代思想呻吟之拔根体验的一种说辞而已。"[①]

马赛尔的哲学似乎要给"神圣的""存有"保留无法被知识论企图入侵的空间。这就是他强调的"存有"相对于客体性的优位。活生生的身体、您、深沉的感觉、存有化(existentiel)[②]的经验都是此类的现象。它们顽强地抵抗逻辑思维。这些现象一旦中了客体化的毒，就泡沫化地不见了。因此，能为科学认知大显功能的"还原"和"放入括号"，却绝对不会使"存在"更为欣欣向荣，而这也才是马赛尔的主要关怀。

2. 对"互为主体性"的见解

另一个可以比较马赛尔和胡塞尔二人思想的要点是互为主体性。

(1) 胡塞尔对"互为主体性"的看法

保罗·利科诠释胡塞尔的互为主体性如下：胡塞尔的主体性概念分割在普遍性和特殊性之间。普遍性是使它的知识论功能最后得到合法认可的基础，而特殊性则来自它的彻底的时间性结构。这种矛盾引发了胡塞尔的主体性概念。如果主体必须是最终的基础，那么唯一可行之道是找到一种集体

[①]　*Entretiens autour de Gabriel Marcel*, op. cit., p. 59, "La réduction ne peut etre qu'une variété du déracinement dont souffre toute la pensée moderne."

[②]　"Existentiel"说明无价值或低价值之人或物在一次际遇中突然改变成有价值的存在。参拙著《马赛尔》，台北：三民书局1992年版，第123—130页。

的、普世大公的团体,其内的个别主体可增至无限的数目,由他们一起来承担普遍性的职责。①

因为胡塞尔的主体具有时间的特性,所以它的普遍性就必须由团体来加以保证。缺乏了这样一个团体的支撑,这个主体在还原过程的终点会使人发现:它根本无法具有作认知基础的功能。但如何去找到具有科学有效性的团体呢?他的答案是:感知世界,这便是一个主体团体的共同世界。但原则上感知世界是应当被置入括号的,为照明直观的本质,这个方法就包含了矛盾。它不去寻找互为主体的实相,却努力建立一个彻底和超验的自我(transcendental ego)及一个以自我为主的世界。唯我主义(solipsisme)在这种情况下是无法被克服的。因为与我不同的观点都被排除到括号里去了。自我与他者是绝缘的。自我的经验成为唯一的原始经验,而他者的经验是从上述的原始经验中引申出来的。保罗·利科的分析使人看清:原初的唯我主义在胡塞尔的方法中,不但未被消除,反而更被肯定。保罗·利科宣称:"如果我们不从他者不容置疑的临在出发,我们永远不会与这个临在重新联接。"②

自此以后,保罗·利科偏向马赛尔的立场愈形明显。互为主体性不是一个概念而已,它是一个具有存在性格的人生实况。它是一个要人去活出来的真理。而要把这个现象完全相符地书写出来,似乎马赛尔这位存在思想家所做的那些无

---

① *Entretiens autour de Gabriel Marcel*, op.cit, p.62.
② Ibid., p.65.

可替代。这也是马赛尔对现象学的杰出贡献。

（2）马赛尔对"互为主体性"的看法

马赛尔认为他者的实在性不是通过探测或推演而得的，而是靠爱和忠信的经验感受到的。保罗·利科对马赛尔发现一个令人悸动的词汇"你"大加赞赏地说："马赛尔不尾随着知识论的调调而称别人为'他我'（autremoi），但说'你'。这个借自呼吁（invocation）的一个极美的单字，直接地显示出他的改变哲学进路的意愿。"①这个"你"的上场，就像以前的"我"，给一个全新的存有学揭幕。这是一种有交通性，涵容着人与人之间难以厘清的关系的形上学。简而言之，人的存在满布着戏剧性的情节。在戏剧的对话中呈显的绝对不是抽象的主体。在戏剧中每一角色的原来面目都得保留。有关这些人物的真谛是通过他们的思想和感觉而直接被说出来的。那时候，他们是一个个的"你"，还没有被转化成有关"你"的理论或哲学。存在的戏剧开展得非常自然，不必预先筹划。言语、动作、思潮搅在一起，呈现为一个存在的一致性。正因如此，我们观察到原创思想和突发言语的爆现（pensée pensante，parole parlante），和新的词汇一起异军突起，使智能、价值和意义终于诞生于人间。主体——投入同一的剧情中，寻找一个可以把他们从往往令人绝望的处境中获得解放的真理。他们找到的话，"我们"取代了"自我"。胡塞尔的自我不是这样

---

① *Entretiens autour de Gabriel Marcel*，op.cit，p.65.

的。保罗·利科说:"从胡塞尔的'还原'滋生的自我,是一个对一切保持距离的思想者,可以说,是不躬身参与者。"①

三、结 论

到此阶段,胡塞尔和马赛尔的思想对照之全景清澈可见。马赛尔对存在的存在性探索远远超出了胡塞尔现象学的狭隘的关切向度。诠释学寻寻觅觅,终于找到了属于自己的评估立场和体系。当代现象学和诠释学泰斗保罗·利科直言不讳地宣称:人的现象的客观性不能通过一个知识论式的还原过程,而是通过具体的互为主体的经验才有获得的可能。

直到这里,我们一直在尝试阐明马赛尔与现象学之间的微妙关系。我们引用保罗·利科的一篇文章来说胡塞尔和马赛尔二人在哲学进路和方法上的差异,以及因此差异而产生的二人对主体性及互为主体性的不同观点。利科直称马赛尔对人的现象提供了一个更使人满足的描述。虽然马赛尔无缘拜胡塞尔为师,但马赛尔毫无疑问是一位真正的现象学家。另一位作家赫林(Jean Hering)回应利科说:

我们相信可作如下断语,即使德国现象学不为法国所知(假设这是件可能发生的事的话),法国本身亦会

① *Entretiens autour de Gabriel Marcel*, op. cit, p. 69, "L'ego issu de la réduction(Husserlienne) sera unpenseur désintéressé et, en ce sens, désengagé."

萌生一种现象学；而这种可能性，大部分来自马赛尔的影响。①

此外，正因为马赛尔和胡塞尔二位的风格迥异，马赛尔不必如胡塞尔之门生要花费不少心力来挣脱正统现象学内含的唯心论枷锁，海德格尔和舍勒（Max Ferdinand Scheler）便是其中二位。②马赛尔处理存有的问题不必拐弯抹角，却直接地诠释人的存在。对他来说，从存有（being）到大存有（Being）是有通道的。如果说马赛尔有现象学家的身份，那是因为他诠释现象。这样，我们可以证成：我们所选择的这位哲学家，是他早先就开导了未来的诠释学大师保罗·利科。现在，我们可以回答"什么是保罗·利科的存有论立场"这个问题了吗？

---

① Spiegelberg, op, cit., p.448.

② 笔者并无贬低海德格尔和舍勒的意向。在比较马赛尔和胡塞尔二位时，笔者只是希望介绍保罗·利科长期省察存在现象的成果，期能以他的高见对后生收拨云见日之效。马赛尔和胡塞尔二位虽用不同的方法，但却都在追索存在的真谛。

保罗·利科对马赛尔的印象

马赛尔是在很久以前就同我缔结了极深关系的人物。1934—1935年间,我正在准备中学教师资格考;此后一直到他1973年去世为止,我经常会向他请教。从1934年起,我开始勤于参加在马赛尔家举行的著名的"星期五晚会"。我们选择一个讨论的主题,从具体的例子出发加以分析,再凭借理论来支持所辩护的观点。我在那里体认到一种在巴黎大学从未曾有过的讨论方式。在他家里,我们拥有那种借着不断进行讨论而逆现的活泼思想。此外,在阅读马赛尔的著作时,我们感受到的不是一条蜿蜒在远方的激流,而是近似于坚定但活跃的溪河,这是由于追究正确字意所得来的结果。我们以这种方式一周一周地讨论下去,每次两三个小时,每个人都可以大胆地思考和主动地表达出自己的想法。这样稍稍得以弥补巴黎大学在哲学的教育过程中可能有的欠缺。我相信在敢于尝试建构哲学这方面,马赛尔对我的启发和指导,是我永志难忘的事。

保罗·利科

此段话取自 *La critique et la conviction*,Paris,Callmann-Lévy,1995,pp.41—42。

第一次访谈：探索

保罗·利科：

可敬的马赛尔先生，我们现在位于六次访谈的起点。我感到非常幸运——能在同一间屋子里，像三十年前一样，做您的学生，向您讨教。

我对这一系列的访谈有很大的期待，因为我要请求您指引的不只是您著作的重述（récapitulation），更是一种批判性的回顾，以前我们称之为"进一步的陈述"（rétractation），那是说一个修订（révision），或校正（correction），或许我们会发现自己因此而被带领、引导到您创作的边缘地带，因为当一种哲学面对新的风景时，它往往能呈现一种新的面貌。或许我们可以探索由新的哲学引发而已包含在您的作品中的一些新的可能。

我们已同意把这第一次访谈聚焦在"探索"这个概念上。我相信"探索"两字从您童年起就满载着丰富的含义……

马赛尔：

真如您所说的这样，我的好朋友，从我很小的时候，就隐约地期望有一天能做一个探索者。可以说这个期望从没有消失过,虽然有一部分为了配合实际情况而略有移转。

但我愿意先对您开始时提到的想法作一个回应。我要说的是:我对有您这样的一位对话者感到荣幸。我带着激动的心情回想您常来寒舍的时光。是啊,差不多三十年了,您同马克西姆·查斯坦(Maxime Chastaing)、罗杰·阿纳尔德斯(Roger Arnaldez)等朋友,我们一起工作,一起反省可以叫我们废寝忘食的问题。这给我留下了一个极为宝贵的记忆。我可以毫不费力地想起那些不凡的伙伴,我们在一起一次又一次地深谈,我也记得做记录的同学的面容。

说真的,今天我们又可以聚在一起谈话,对我而言实在是无上的幸运。您今日可以说是在您职位的顶峰,您确实是巴黎大学名师之一,您是最能使一切学生尊敬及喜爱的老师之一。

保罗·利科:

马赛尔老师,请您让我追忆一下那时我们到贵府求教的情景。从我们这一方面来说,这实在是一种探索,探索活生生的经验王国和它的意义。那段时期,我们跟着您读您于 1914 年开始落笔,1927 年出版的《形上日记》;我们读《存有奥秘之立场与具体进路》,这是您附在 1933 年刚出版的《破碎的世界》(*Monde Cassé*)一书中的;还读了您那时在准备出版的《是与有》(*Être et Avoir*),它包含了您那时期发表的一些论文的纲要。

"探索者"一词可说是我们通过阅读而知道的您的创作特色。但这个探索采取了一个我们无法避免而必须对它质问的形式：

当我们打开《形上日记》时，该书上、下册的异象立即跃然纸上。首先，它的书写形式是叫人非常吃惊的严格辩证。我相信您自己很早就对它的表达方式非常讶异。您殚精竭虑地要攻击"制度"，但却用制度的王牌——辩证——来攻击它。

下面是我的第一个问题：您的作品从一开始，由于过分使用辩证法，反而给非理性主义背了书吗？您今天如何阅读《形上日记》上册呢？

马赛尔：

唉，您对《形上日记》上册所作的评语叫我惊讶，我想您用的是种委婉的说法，我同您直说，我读该书上册时会勃然动怒。当然，时过境迁后我了解这种"挖掘"式的表达对我有什么意义——"挖掘"两字很适合，它要说的是像矿工在矿场中所做的那样。我那时想驱逐辩证，但用什么来驱逐它呢？在《形上日记》上册里，我们碰到了这种怪异的矛盾：我笨拙地在用辩证来摆脱辩证。

保罗·利科：

您这么做的背景是什么呢？

马赛尔：

我不难回忆我当时的背景。我说，首先要说的是那时候的巴黎大学，在那里上的哲学史里我有一些极好的例子。我想到一位我最近同您谈起过的维克多·德尔波斯（Victor Delbos）教授，他可称为哲学史的典范老师。那时，哲学系的其他教授都倾向批判性的反省，而在他那边我体会到那时我需要的这类断言并不多。恰好相反的是柏格森。我幸运地在弗朗西斯学院听他的课两年之久。每次想到这种境遇，我心中就会激动起来。每次去上他的课，我都会心跳加速，好像期待接受启示一样。而在这里我们重遇了"探索"这个字。这是您第一次访问用的标题。

真的，我们那时都感觉柏格森在发现一些东西，他在给我们启示某些有关我们人类更神秘和更深邃的真相。

但是我关切的问题中出现了一个悖论，即我对柏格森的赞赏与一种迥异的心态叠合，往好里说，是共存的。这种心态简单地说，是对最抽象及最辩证的思想加以崇敬。

保罗·利科：

您那时在读谢林……

马赛尔：

的确如此，我在读谢林，也读一些黑格尔，尤其是英国的新黑格尔主义的学者，特别是布拉德利（Bradley）。所以那时在我身上有一种分裂的情况发生。一方面我全神贯注于精准，一种抽象的精准要求，一方面又醉心于哲学的冒险。这个矛盾只能非常缓慢地消除，并且很可能它经常部分地存留在我身上。

保罗·利科：

或许今日的读者对您的《形上日记》上册感受到您自己反而没有察觉到的可读性。您投身的这个既是运用也是反对的概念的战斗的结果，并不像您所想象的那样薄弱。它给《形上日记》的第二部分储备了许多有用的资料。那里有的最具体的分析，都是辩证功能的真实成果。您在《形上日记》的序中提到，在稍后的冥想成果和起先的辩证结论间，有一个神秘的相遇。而在存在主义的气势稍退的今天，在一个再次肯定严密思考必要性的时刻，您不觉得《形上日记》第一部分中的概念分析值得我们再加以肯定吗？

马赛尔：

是的，我同意。我相信，在我重读《形上日记》第一部分及它之前写的《哲学片简》(*Fragments Philosophiques*)——此书在三、四年前于比利时出版，勃朗神父(Père Blain)为之写序——时，感到生气，因为我发觉自己在那时候有一种松弛，一种对词汇的选用缺乏精确和严密的思考的松弛。您看，我发现这是一种尚未受益于"概念武装"(l'équipement conceptuel)的作品，而后者是绝对必需的，为使我的工作以今日的眼光来看真能使我满足。我相信当我重读这些内容——我承认这是一个不可或缺的筹备步骤——叫我生气的就在这一方面。我非常遗憾为这个事情花了那么多的心血。

保罗·利科：

说真的，《形上日记》的敌手唯心论，或像您所称的"唯心论的诉讼"，今天已消失无踪了。

但我们更该翻到该书的第二部分，您在 1915 年至 1923 年间写的，那才是真正的突破。

您在序中写道："我对于例外的事件一直给予极大的关心，而这是理性主义者所要回避而逃之夭夭的东西。"这种迂回曲折、支离破碎的研究终于在"存在"这个观念上找到了凝聚点。这就是我要同您讨论的问题。但讨论之前我必须同您说，您的论文《存在与客观》——您在那里收集了您研究的主要成果——出现的时候，我们隐约地感觉到，就像稍后您发表的《存有奥秘之立场与具体进路》，就像面对非同小可之伟大文件之一；也像前一世代，柏格森写的《形上学的导论》和《变化的感知》一样。这个"存在"的观念今日叫我们面临很多问题：您为了攻讦分析认知的优位，而把它与客观对立，今天您还同样认可存在与客观的对比吗？

马赛尔：

有关这一命题，我不觉得我有什么改变。或许在细节上我对某些论点作过修正,但基本立场没有改变。并且它在后来的许多论说中一再出现,其间或有冗长的间隔。

我相信那时我执着的是存在有无可置疑的特性。我清楚意识到:存在绝无可能化约成任何别的东西,或对它产生怀疑。因此我无法了解某些哲学家提出的问题——或许是谢林,稍近的是海德格尔——他们的问题是:如何得知某样东西存在着,怎么明白有一个存在? 从那个时代开始我就如此回答:这个问题没有任何意义,因为它隐含了一个我们不可能达到的可能性。它是要把我们以某种方式从存在中抽离,把我们放在存在外边而向它观看。然而我们能观看的都是客体,都是参与客体条件的东西。但存在绝非如此,存在有先决性(préalable)。当我提到存在的优位时,我不说存在对本质来说有优位。关于这点,或许我们应当回到萨特的存在主义。但对我来说,很有攸关性的是这样一个断言:存在不只是数据(donnée),或许更应该说,虽然有些反论式,但它是给数据者(donnante)。那是说,存在是任何一个思想的先决条件。我这样讲,是把我完全放到传统的唯心论的边缘去了。

保罗·利科:

　　是……

马赛尔:

　　您像我一样知道,这个观点如何在分析感觉时落实,还有今日我称之为"对身体本身的分析",即谓"吾体若我"之分析中落实。

保罗·利科:

您在《形上日记》中引入对"感觉"及"收受"的反省时,您实在在对一种后来要成为法国哲学的丰富资产的反省揭开序幕。是您把感觉哲学和存在哲学串连、接通。感觉不再只是精神物理学的专利,它为我们参与存在与否作证,一种存在在存在事物中的我的参与。当您批判把感觉单单看成一个讯息从甲物到乙物的流转,或从一个发送者到一个接收者时,您奠定了后来梅洛-庞蒂和别人要建立的"感知现象学"的基础。

马赛尔:

好像如此,但您没有想到这些观念早以某种方式在克洛代尔(Claudel)论诗艺(art poétique)和共生观念(idée de la co-naissance)中出现过吗?我常常操心要确定我的出处——我对不知感恩及遗忘症深感厌恶——我相信我欠克洛代尔一笔不小的债,虽然严格地说起来,克洛代尔对我们而言显得不像一位哲学大师;但在一个天才面前,所有的栅栏、隔阂统统都瓦解了。在诗与哲学之间,可以建立一个联系,这是我们常见的现象。这样,我相信我对克洛代尔的诗作所作出的赞言并非言过其词。

保罗·利科：

有一点差异的是：克洛代尔从语言、从动词出发，找嵌入存有之径，而您把"绝对临在"领回到感觉的层面；就这样，您把反省导向身体一面的存在，在它走向语言一面之前。或许我们不应当忽略：今日的法国哲学是在被话语问题迷惑的控制之下。在毗连对感觉的批判，不把身体的讯息看成工具时，您打开了研究身体本身的哲学之门，给哲学一个思考"取体"（incarnation）的方便法门。

第二次访谈：第二反省

保罗·利科：

亲爱的马赛尔，我们第一次访谈时已开始反省：在您的思想及在您的有关感觉和身体的描写之间有紧密联系的那些看法。这些反省是针对有关"存在"的思考而引发的。而你的读者读了《形上日记》再读《是与有》时，会惊觉您已用"存有"的问题取代了"存在"的问题。我认为其转折点在您1933年发表的《存有奥秘之立场与具体进路》一文中可以找到。为什么有这样一个改变呢？

马赛尔：

亲爱的朋友，我想我们或许应该在这里聚焦一下："存有"的问题是在《形上日记》的中间部分，那是说，在1919年初，在那年新年时开始浮现的。您说得很对，我的形上思考一直到那时候都同存有或存有的问题保持距离。为什么会是这样的，这是一个有趣的问题。我想我必须说明一件事，此即我整个的哲学陶成是唯心论式的。"存有"这个词汇对我来说意义模糊不清，而经院哲学对我更是等而下之。那个时代，只有少数几个专家热衷于经院哲学。一般而言,我们并不赏识它,对它毫无兴趣。有一位可敬的教授皮卡韦先生(M. Picavet),他开了这门课,但没有多少学生选这门课。我还在心中嘀咕着不知来听课的人是否为学生。第一次世界大战发生前不久,甚至在大战初期,我非常忠实地守住一个哲学界通行的区别,甚至可说在"存有"哲学和"自由"哲学间划清界限,而我完全拥护自由哲学。譬如说,我以极大的同情态度读过塞克雷坦(Secrétan)的书。此外,我们在这里找到了您上次谈到的谢林。我们可以说塞克雷坦,像是在另一层次的拉维松(Ravaisson),他们延长了谢林的思想,但对谢林的要旨都掌握得不很精确。但这点对我们的题旨而言关系不多。

这么说,是为了使我的思想可以聚焦到"存有",需要有一些不很简易的环境,好来被明确地指出。除非这些环境得以被明确地表达,至少要相对地明确,不然以存有为主题的思索是不可能发生的。用现象学的观点来说,我要问的是:当我们谈论"存有"时,我们究竟愿意说什么,我们的意图和目标是什么。这一点在我的《形上日记》第 277 页有很清楚的说明,我们可以念一段……

保罗·利科:

让我来念吧:"存有不会欺骗人。当我们的期待得到满足时,'存有'就有了。我讲的这个期待,是我们都参与的期待。一个否定'存有'的学理表达的是'一切都空无所有'。那就是说:'不必有所期待。只有不期待什么的人,才不会被欺骗。'我相信只有在这个基础上我们才能询问存有的问题。说'一无所有',是说没有东西有价值。我们应当深入思考虚无主义的意义,不要忽视拓深存有和存在的区别……"

马赛尔:

念到这里,我们要回到克洛代尔那边,要回到他写的《城市》一剧中出现的一句话:"一无所有。"从这句话中可以看出克洛代尔对我的影响是多么深刻。在以后的作品中我也常常引用克洛代尔的《城市》一剧的句子,我觉得他对我很有启发性。

保罗・利科:

但同时,或许您引进了一个含糊的思想,让我念一段您在《是与有》中所写的一段话:

> 我对这些资料感到的不对劲,一部分来自我对判别"存有"与"存在"之关系常有困难。我觉得理所当然的是:"存在"常是"存有"的一种特定方式。我们应当考察这是否是唯一的方式。可能有一种只是"有"而不存在的东西。原则上我认为颠倒过来也是讲得通的,并且不是在做文字游戏。

您相信吗："存有"与"存在"二个观念很容易重叠，但它们涉及不同层面关切的事，在这上面是有差异的。就像我们在上次访谈时，当我们谈及客观性的议题时，您就用"存在"来讲述。要紧的是我们要研究一个我们无法怀疑的地带："存在"是无法被怀疑的，但同时，存在是在与客观性"对立"时才碰到的。我认为当您进入存有的议题时，您关心的本质是不同的，您是被一种我称之为"存有的迫切需要"（l'exigence ontologique）所推动的。现在我们应当对"需要"这概念仔细探究一下。我相信您在存有的问题上钻研时，您的关切点是非常具体的。一方面您有第一次大战的经验，另一方面，您受到这时代的精神与世界的演进中曾有的反省的影响……

马赛尔：

是的，我毫无怀疑……我相信这是切中要点之见。事实上，在这篇相当沉重的作品《存有奥秘之立场与具体进路》中，我把这个"对立"说得非常清楚，我甚至几乎要说，在二极之间有着极大的张力，一方面是在一个愈来愈技术化及功能化的世界所出现的资料，另一方面是有一个祈向，一个迫切的要求，它让我们带着一种心灵的满全，那种彻底拒绝功能式和抽象式限定的满全……

保罗·利科：

是，《存有奥秘之立场与具体进路》从一个反省开始谈。

这个反省是为了关于一个完全被"功能"缠住的世界而进言，功能有生物功能、社会功能等。

马赛尔：

的确如此，这是一个把人只看成是一束功能而已的社会。人把功能分为生机的功能、心理的功能。但心理功能的身份并不明朗，因为它介于生机功能及社会功能之间。从社会功能本身来看——对这种化约人之为人的做法，我深感厌恶——我们应该强调人的存有中之"存有"一词，及其所含有的尊严。我在 1930 年左右提及的问题，对我们今日所处的世界来说，无疑是更精确的。关于这一点，我那时写的文章提前展示了我们今日见证的实况。在第五个访谈中，我们还会花较长的时间再来考虑这个重要主题。

保罗·利科：

总之，"存有"一词在某一时间被您用过，为发动一个从深度思考而来的抗议。"本体的需求"不再只是一个我们谈及存在的无可怀疑之物，而是指一个被遗忘的生命底层的复苏。

马赛尔：

"本体的需求"对我来说，就像是一个抗议的骨架，为了反对一件事。

保罗·利科：

但令人吃惊的是，这个抗议在那个世代并不只是企图反对把存在化约为一种功能，而且它也反对一个基本的哲学传统，这是"我思"（cogito）的传统。这个"我思"传统在今日亦备受争议，但这是别人，而不是您对它的争议。

我们回到本体存有与"我思"势不两立的议题来谈吧，您不觉得您在冒一个危险，想要击毁一个在世界演变的过程中某种强而有力的核心势力吗？

马赛尔：

亲爱的朋友，或许这是我从前写下了，但今天我该修订的论点之一。现在我觉得我绝不会像您一样有那么强烈的语气。我不愿意说我对"我思"所有的批判都毫无根据的，这样讲是荒谬的。我要讲的是：照我看来，笛卡尔似乎明确地否决存在的不可怀疑性。而存在对我来说，是任何一个限定或任何一个思索行为的先决条件。我认为我们应当省视——但这样做会要求达到一个我没有从事过的工作——在我用纲要式写下的反省，及以后雅斯贝尔斯重取反对"我思"而写的两者之间的关系的比对。我相信我们二人的立场非常接近。

保罗·利科：

是的，但您二位都用康德的目光读笛卡尔。对您，"我思"是知识论的主体；当您宣称"我思"是"合格事物门槛的守护者"时,您把它化约成一个纯司警觉的功能,它面对的是一大片思想的纯客体。但笛卡尔自己则不然。他在"我思"中看到的是一个"我是"的断言。就这个意义来说,您或许会找回笛卡尔的遗忘的意向,把丰富的内涵还给"我是"。

马赛尔:

是的,我相信笛卡尔思想中真有比他的"我思"多得多的内容。此外,我常说,在笛卡尔本人的作品中含有的内容,远超过笛卡尔主义所标榜的。您不是同意我在这方面的看法吗? 某一类笛卡尔主义一般而言都是笛卡尔思想的缩写本。笛卡尔思维中的绝对自由的概念,明显地远远超出拘泥于"我思"的形式主义的解释。我觉得您讲我用康德的角度读笛卡尔,讲得有道理。很可能的是"超验自我"(ego tran-scendantal)的概念关联上了常在我反省中的康德式客体的概念。总而言之,我相信您对历史观点采取的保留态度是绝对可以证成的。

保罗·利科:

反过来说,或许我们可以说您的《存有奥秘之立场与具体进路》从另一个角度来看,批判得还不够。我们把其中一段念一下吧!

存有是必须有的,因为一切事物决不可能化约为一连串互不相关的表象游戏——"互不相关"是个重要的形容词，或者借用莎翁的句子：（化约成）一个由白痴讲述的故事。我急切渴望以某种方式参与这个"存有"。

批判式的反省不是会来质疑这个抗议的价值和立论基础吗？它不是要努力取消"应该"这个动词，视之为一厢情愿的说法吗？视之为混淆愿望（desire）和实况（reality）的说法吗？

马赛尔：

我相信这个问题应当深加研究，而我在那个时代的确说过，以后也屡次再加以引用。或许我们应把这段话以更严格的形式重新撰写一次。我当时尝试要说的是，有一种要把"本体的需求"加以抽象化的哲学，他们以"不接受"为努力的目标，来反对其他的哲学。失望的哲学是可能的，我们无法严格地说"失望哲学"两个词的并置是个矛盾的凑合。但我要质疑的是某些悲观主义坚持的想法。他们认为这种悲观哲学是被某种客观的实在，被某种事物的结构强加在我们身上，我们只要稍微思考一下，把它从一切愿望中加以抽象化，就得以解脱了。我相信实际上有一个要求（postulation），而这个要求在寻找一种像我推荐的哲学，来加以勘察。

保罗·利科：

这样看来，整个的游戏在于我们如何胜任：把批判反省适用在逆向的要求了……

马赛尔:

就是这样……

保罗·利科:

……同您称为"具体进路"的……

马赛尔:

是的。

保罗·利科:

一个批判思想今日应当如何与具体进路联络——譬如说,分析"有""自主"概念时,它们被理解为像斯多亚式的稳定内核,或像意志与自己的配合——,如何与"本体的需求"结合呢?您的方法包含了:要多多少少地去挖掘这些经验下的种种,为重获存有的指标,您称之为"忠信"。

马赛尔:

是的……

保罗·利科:

今天我们应当怎样才能把要求的批判和重拾存有的经验

联结起来呢?

马赛尔:

问得好。我想这里出现的问题,与谢林(在一个或许很不同的意义下)称为"高级经验主义"的东西,有类同之处。

用别的词汇来说,这是求助于某种必须先被体认的经验,而这类经验在自己身上具有价值的保证。事实上,如果可以指认我的思想有过一个真的被改造的因素,那是欣赏经验的方式。我应该说,当我想及经验主义,及经验一词,在我生命的一个片段中启发一种鄙视时,我不禁会微笑起来。我逐渐地了解:拒绝经验和制度的先天性,实在泄露了一个反反省(irréflexion)。而我,觉得应当把经验找回来,但不在,亦不再是在与传统经验主义同一平面上的东西。十多年前我的朋友亨利·巴比(Henry Bugbee)曾倡导过这个观点,而我在法兰西研究院(Institut)演讲时曾引用过他说的。他提出一个与经验主义思想对立的"与经验融合的思想"(une pensée expérientielle)。我们以后还会讨论这个观点。就是这种"与经验融合的思想"在运作,它钻研若干您刚才提到的主题,特别是有关忠信的问题。忠信在我的思想中扮演一个轴心的角色。

保罗·利科:

总之,我们应当说,这些核心经验在它们自身就带有一些批判的功能。这是批判的经验,在于它们重新把握本体的目标,并能批判遮蔽我们视域的模式。

马赛尔:

这些经验事实上带来了我称之为"第二反省"的使用。那是说,它与专事批判和解构的"第一反省"不同,它是一种再生的反省。对我来说,我在 1930 年真正担心的,是我完全意识到我要做的是什么,我要再生,用一种聪明及可理解的方法,而不是用一种纯主观的直觉。

第三次访谈：戏剧

保罗·利科：

亲爱的马赛尔，我们的第三次访谈把我们带入您作品的重要门槛里去，这就是戏剧。您所有的作品都从戏剧开始，也回到戏剧中去。首先，在分析我们称之为"本体经验"的时刻，会发现这类经验都有戏剧的分量。

您在《是与有》中曾写道："'失望是可能的'这个事实，在这里是重要的资料。人能失望，就像他能拥抱死亡，拥抱自己的死亡一样。"再者，"形上学必须在面对'失望'时采取立场；形上学就像那要给'失望'驱魔的人一样"。

今天您如何看您的戏剧呢？您如何了解您的戏剧和您的哲学之间的关系呢？

马赛尔：

我很高兴您问我这个问题，因为我相信这是非常重要的问题，它是引发严重误会的关键之一，特别是未细读我作品的戏剧界人士。真正的情况是：我的戏剧与我的哲学，二者之间有最密切的关联。

把我的思想概括一下，我会说：我的哲学是否有存在性格，就在于它有戏剧性与否，那就是说，它是否是戏剧作品。最近几年，当我反省我的作品，我常惊讶地发现：存在，或如您愿意知道的，存在的主体，是否能有效地被我们思考，就在于是否给他讲话的机会。换言之，我们说这个主体是存在的，强调某主体通过他讲的话，他的性格才能被确知。但在具体情况之中，无法避免的是：当我们论及什么时，我们就将它客体化，结果是我们常把它曲解了。

很明显的，以上的说法是一个后天的观点。但我并不按照年代式地、先后发生的讲，我可能不久以后还有机会对于这点多讲一些。早在我知道或揣测一种哲学之前，我就已在戏剧内运思。

另外，如果您要问我今天我如何看待这个关联，我会介绍您去阅读去年春天我发表的一篇文章，我在该文中提供一个下面要谈的，我认为非常确实的比喻。我的作品整体来说，颇可与希腊这个国家比拟。它一部分与欧洲大陆联起来，一部分是岛屿。属于大陆的部分是我的哲学作品，这里我与我们时代的一些欧陆作家有邻居关系，诸如雅斯贝尔斯、布伯（Martin Buber）和海德格尔。而岛屿指我的剧作。为何要用这个比喻呢？那是因为要去岛屿，须渡海；此处相同，为接近我的剧作，必须离开海岸。

思维作为主角必须多少抛弃自己，忘掉自己，为了纵身跃入及专注于他臆想的人，并努力使他们活起来。我还可以加

一句说——我认为此句并非造作,那个把大陆和岛屿在我的
作品中联结起来的因素,是音乐。音乐实是最深邃的苗床。
优位应可说是非音乐莫属。

保罗·利科:

我想,如果戏剧具有如您所说的,对您的哲学的影响,那
是因为:它让您不只在您付予言语时使人认出一个主体,而且
还认出许多主体。讲实话,您的剧作给人比较深刻的印象之
处在于:它从一而终地在刻画像您说过的"更高级的相似爱德
的正义"。剧中人物的命运纠缠在一起,无法纾解。您从不以
判官的身份来推动戏剧的进行。

马赛尔:

您讲得完全正确。为发现我这种心态的根源,我也试着
回忆我的童年和青少年时期。关于这一点,我有很多话可
以说。

德雷福斯事件,我要在我们的第五次访谈中,细述它在这
点上扮演的重要角色。

但是在其他环境,或许在更亲密的,我的家庭环境中,我
觉察到:对于同一事件,在一个特殊个案中,一个离婚案,我的
家人明显地有着殊异的立场。我觉得他们每一个人都是自己
观点的囚犯。因为有这样的感受,所以我很早就需要把我提
升到一个可以包含众人的层面,在那里,每个人拥有自己的位

置,每个人都可以为自己辩解。

另外,当我想及我最早的剧本时,我看到几乎所有的剧本都有判决、判官的含义,即判断那位判断者——我们以后还会碰及这个话题,我想在这一方面,我是先被基督教伦理所征服的。

保罗·利科:

如果您的戏剧产生健康及净化的作用,是因为您从不为了卫道而写它们。我常常惊讶地发现:您的剧本像《恩宠》(La Grâce)、《沙土之宫》(Le Palais de Sable),稍后写就的《上主之人》(Un Homme de Dieu)、《点着蜡烛的停尸室》(La Chapelle Arderte)、《破坏圣像的人》(L'Iconoclaste),其悲剧性在于:剧中人物解不开他们的心结;因为携带意义和希望者常是不被重视者,甚至是嫌犯,一般来说都是令人难堪的角色。我前面讲过您的剧本有健康的功能,是因为您的剧本有清除偶像的功能,对它们予以"驱魔",而这发生在哲学尚未明陈之前。

马赛尔:

的确如此。对于这一点我有时问过自己。我愿意知道您怎么想,可否在戏剧的角色和像克尔凯郭尔谈过的间接交流之间,找到某种未预期的模拟。叫我惊讶的是:我和克尔凯郭尔都对戏剧大有兴趣。他在他的《日记》(Journal)中屡次询问戏剧的问题。我有时想：如果我把我的哲学思想和戏剧思想紧密地结合在一起，我是否能以某种方式去实现克尔凯郭尔心中渴望完成的东西。您怎么想呢？

保罗·利科：

您讲得对。但您有您的特色。您把释罪的了解加诸一切对立的角色身上。您把他们同时举扬起来，从不批判他们。现在您想：您所有的剧作在这方面都有同样的意义吗？我会很惊讶地读到您在不同的作品中有互换的情形，有些在黑夜中堵塞着，有些却在某一时刻喷出闪电与火花。我觉得在您的剧作中有一种脉动，时而失望的气焰弥漫一片，时而见证及感恩的行动驱走了失望，而传递一种我们无法理解和据有的奥秘。因而我觉得您的剧作除了再现一个无法解开的悲剧的功能之外，也表达了您的哲学的存在性脉动。

马赛尔：

我同意在那里的确有一个互换的情形。但那不是固定的，也不是故意的。《在岛屿间的秘密》(Le Secret est dans Les Iles)一书中，读者可以发现有一种如您所述的对立境况。前面两剧，即《标枪》(Le Dard)和《密使》(L'Émissaire)，结束在一种光明的发现中，虽然有些模糊，但至少光出现了。第三个剧本结束在失望的气氛中。

《时间的结束》是我写过的最阴沉的剧本之一。或许我们可以对照自己经历过的许多生命情节,找到这种互换之可以成立的蛛丝马迹,但我不相信我们可以给予一个完整的解释。此外,我颇怀疑每个剧本是否必须结束得皆大欢喜。这样做会使它变成样本,而无法令人置信。

有些剧本,包括您提到过的《点着蜡烛的停尸室》,确实是很阴沉的。我想观众可以从里面获取一些积极的东西,但它们是不明显的。观众必须努力反省一下。这只是建议,而非强迫性的。

保罗·利科:

我想死亡的题目能凝聚询问,为剧中主角,也为观众或读者。您曾在一处写过:死亡是"临在的考验",又说"是一个绝对希望的跳板"。推动您的剧本的动力是"即使……"。即使一切都不顺利,一切都是不真……,又为什么能够?因为您的剧本刻画的死亡常是超认真的。不只是"我的"死亡,就像您一再强调的"你的"死亡;那么死亡真是根本动摇存在之信念及临在之确定性的危机。您的戏剧有净化作用,像我说过的,但它携带着见证。

马赛尔:

死亡的角色在我的戏剧中有绝对的首要性,到某种程度,疾病也是。皮埃尔-埃梅·图夏尔(Pierre Aimé Touchard)在他的《狄俄尼索斯》(Dionysos)一书中很怪异地指责过我:他说他发现我过高地估计疾病和死亡的重要性。我坦白说,他的说词叫我发笑,因为我不相信有人可以把疾病和死亡抬高到无以复加的程度。就在这里,我们进入人的命运和奥秘的核心。

现在我要提出另一点来讨论,我愿强调的是我的戏剧和我的哲学作品间的关系。我对戏剧的看法是:通过剧中人的代言,戏剧使我以后要用哲学形式出现的思想提前展现。我可以给出许多例子。您提到过的《沙土之宫》,它是我最早的剧作之一。《沙土之宫》是1912年至1913年间完成的。叫我吃惊的是:这个剧本非常明显地提前表露我之后要写出的哲学文字。在那个剧本里,我批判一种信仰的唯心主义的存在,它到现在还多多少少地束缚住我。等到这些对话在我的《形上日记》上册中出现,已经晚得多了。

《沙土之宫》开始展露当时我仍在构想而尚未用确切的哲学言语来表达的"互为主体性"(intersubjectivity)这个基本概念。我说:由于我们不是绝缘体,不论我们做什么,我们对自己所做而产生的所有的对别人的影响,都须负责。

另一个例子是《破坏圣像的人》。这是许多朋友在写有关我的论文时喜欢引用的剧本。该剧尾声出现了有照明性格的"奥秘"概念,它具有积极的价值,同专事研究"问题"的反省迥然不同。

保罗·利科:

可是,亲爱的马赛尔,如果您的戏剧比您的哲学先走一步,哲学的反省还有自律性吗? 人们不是可以谴责您的哲学只是戏剧哲学? 您曾在您的作品中强调过"第二反省"。当您沉思戏剧和悲剧时,反省还在运作吗?

马赛尔:

我认为我们应当全力卫护哲学的自律性。而哲学与反省是同一的。

另一方面,我想您有理由在这里把我写的"第二反省"提出来。我究竟要说什么? 我要说的是:毫无疑问的,有第一反省,它是分析的反省,它要把"具体"解构成其组成因素。

但是我想:还有一个回收的反转,它使人意识到第一反省的片面性,并指出纯粹分析的进度是值得怀疑的,而企图把"已泡沫化的具体"追回到思想里来。我可以确定,第二反省渗入了我所有的哲学作品里,从我真对自己有完全的意识开始。或许在《形上日记》里还不甚清楚,但在《是与有》及更后面的作品中,都是可以看得到的。

保罗·利科:

我更愿意见到在您的作品中有哲学反省的自律性。您从不,或几乎从不引用您的戏剧作品。您的哲学反省从例子,从处境,从已讨论过的概念出发,但您击碎它们。这样看来,您的哲学追随自己的路线前行。

马赛尔：

对的,您讲得很对。我也喜欢您提到的例子在我作品中扮演的角色。我相信这个角色实际上是非常重要的。

我说过多少次了,一个思想如果不依据例子,常会滑落到空无中去,让自己被某个观点妄用,成为一个预定可用的言语。对我来说,举一个例子,似乎向我自己证明自己,并向我的对话者证明我讲什么,也确定我不是在讲空话。我甚至可说:例子有一个灌溉的功能。

保罗·利科：

这样说来,例子在哲学中与戏剧中的角色极为相似。它的意义只在某种存在性的对峙中,才能显示出来。

马赛尔：

对,"相似"二字表现得多过实际情况所呈现的。或许我们应该明确指出:戏剧中的角色就像例子之落实。是一个例子具有了自律性格,也因为这样,它有了哲学的刺激能力。所以二者之接近是可以成立的。现在,亲爱的朋友,在我这个年纪(译者按:79岁),我的戏剧在我的心目中还保有它的鲜活的兴趣,但它在我的哲学作品中颇为不足,就因我的哲学作品太被人诠释,太被人引用,不断地重复,使人不再感到它有原创性的反省了。若用一种组织学的比喻来说,对我,戏剧是一种更富生气的材料,更能使哲学思想产生内在的重生,至少对我来说,是这样的。

第四次访谈：邻近

保罗·利科：

亲爱的马赛尔，在这第四次的访谈中，我要问您一个不能再拖延的问题。有人给您的作品加了一个标签——没有其他字眼，即基督存在主义。人们习惯说：有两种存在主义：无神的，是萨特和海德格尔；有神的，是雅斯贝尔斯和马赛尔。您怎么想呢？

马赛尔：

我必须说，这种分类是完全不正确的。您同我一样很清楚，这个分类源自萨特的一个著名的演讲《存在主义是一种人道主义》，我不能说我已尽我全力地反对这个说法。事实上，您很清楚，我从未自发地用"存在主义"这个词汇。那是在1946年罗马会议中，有人用这个名字来称呼我。当时我不太在意，但过些日子，有人问我能不能用"基督存在主义"作一本论文集的名字，该书已写成，要放在普隆书店（Plon）的"临在"丛书中出版。

我承认我立刻的反应是不赞成。但我想先询问一下一位很可靠的朋友路易·拉韦尔的意见。我同他说："您很了解我的作品，我很信任您的判断，您有何想法？"他答说："我很清楚您不爱'基督存在主义'这个称呼，我也不喜欢。但我想您可以给出版社作个让步。"我就答应了。但很快地我发现，特别是有些妇女在聊天时喜欢用"基督存在主义"这个称呼，我就后悔已答应了让人用它。1949年后，我在一切场合都拒绝这个标签，而且，通常而论，我对"主义"这个字很有意见。

保罗·利科：

无论如何，在这个称呼中有个形容词"基督徒的"。对于这点，我们不能跳过不谈。

马赛尔：

但不一定……

保罗·利科：

您的哲学处境和基督信仰之间究竟有什么确切的关系？因为人终能无恶意地推理说：当您提及"本体奥秘"，您用了一个基督徒惯用的名词"奥秘"，但"本体"是哲学的词汇。这样一来，本体奥秘一词的取用，对哲学来说是否太重一些？如果不是对信众，而是对神学家来说，又是否不足？因为您没有把您讲的奥秘与耶稣基督的奥秘之关联说清楚，讲明白。那么，您认为应当怎么想呢？

马赛尔：

我想：要谈这点，我必须回到很遥远的过去。大家应当先了解：我是怎么进入基督信仰里来的。

您知道我生长的环境里是没有信仰的。但到了某一时刻，我开始有自己的哲学思考时，我无法抗拒地被带入倾向基督信仰的一面。我觉得在基督信仰中有十分深沉的东西，而我身为哲学研究者，有责任要找到使它可以表达为被人理解的概念。这是加诸我一个有关可理解性的问题。

那个时代，我把我撰写的文本呈给维克多·德尔波斯阅看，他对我写的极感兴趣。我对自己有了新的了解：多少年来，我一直处于一种很特殊的情境中，我一方面完全相信别人有信仰，并且绝非虚幻的信仰，但并不想自己也可以，并且有权利把它占为己有。这是非常吊诡的事。我保持这种想法很久，并且一直随之前行；我似乎必须靠一个外力推我一把，才能使我脱离这个吊诡。莫里亚克使我体认我的怪异，我终于自省：我真的有权坚持待在那条奇怪的路上吗？不，我必须决定作一个义无反顾的投入。这是在我生命的某一阶段发生的事。我可以说，我当时心境非常平和，无有焦虑。这段经历使我觉得我借莫里亚克的中介获得了一个来自上天的邀请。我必须严肃地响应它。我同您讲过，即使我甚至可说极短促地迟疑了一下，我对自己说：我应当进入教会，或许是基督新教，因为我的夫人是新教徒。我对亲人常怀有深爱。我太太的哥哥是位牧师，是我的心腹之交。但我最后还是选择了天主教。这方面应当说是杜博斯大大地影响了我。我觉得做基督徒，就要参加一个有完全基督信仰的团体。而有完全基督信仰的团体就是天主教。新教对我来说，只有部分的该教信仰的内容，并且有变化不停的不一致性。而在新教的教派间，我实在难以选择要进入哪一个。这就是当时我的经历。现在您提到的我的文章《本体奥秘》①是在我皈依后写的。我在1929年皈依，而在1932年写了那篇文章。我相信：要厘清我的皈依前后的经验与这篇文章的关系，不是件容易的事。我那时希望达到一个更具普遍性的层面，使我讲的是能够被非天主教徒，甚至非基督徒听懂并能接受的要旨。

保罗·利科：

您在文章中提到存在的边缘地区。您愿意同这地区的人对话。但问题还在：当您提及"希望"和"忠信"的题旨时，人们是否会想及重要的神学主题呢？

马赛尔：

是这样的……

保罗·利科：

您前面拒绝被人贴"基督存在主义"的标签，但"我相信"

---

① 应就是指《存有奥秘之立场与具体进路》。——编者注

与"我存在"在您的哲学中是有本质上的关联的,如果它含有一个反驳"失望"的原则,您是否应该接受您主张的是基督教哲学呢?

马赛尔:

不得已时……不得已时,我会勉为其难地接受它,不过我不会同意布列赫(Bréhier)的立场——我觉得颇为荒谬——他能在基督徒的生命和经验中找到滋养,甚至使哲学思想致富的成分。

以这种方式来说,而且如果您愿意,我可以以"否定的否定"的方式来接受这个称呼,让人叫我是基督教哲学家,但回到您前面所讲的,我必须一再强调,我是一个边缘哲学家,在信者与不信者的中间,所处的位置不算舒服。我一面背靠着基督教,更确切地说天主教,但为了可以与非基督徒对话,使他了解我所讲的,或许这样可以使他们得益。我想这种不是护教式的操心——"护教"是个不正确的名字,而是兄弟之谊的关心,它在我思想的进展过程中扮演极重要的角色。这样看来,可确定的是:您提出的问题或异议是很合理的。当然,我不会避开回答。可是我应当仔细界定,把我现在的立场讲清楚、说明白,这个立场,我不会放弃。

保罗·利科:

有关"边缘"的立场,我们在另一个邻近主题还要讨论,要谈的邻近者是雅斯贝尔斯和海德格尔。我非常渴望我们现在就进入讨论这个邻近的哲学。

马赛尔：

好的。

保罗·利科：

请容忍我把您领入这个主题，因为我自己在多年以前，当我写《马赛尔和雅斯贝尔斯：奥秘哲学和吊诡哲学》（1947）一书时，我对您和雅斯贝尔斯思想的接近远比您和海德格尔思想的接近更敏感。今天我有不同的看法，我会倾向把您和雅斯贝尔斯的距离拉大，甚至对立；相反地，我要强调您和海德格尔表面看似相反，但实际上，二位很接近呢！

马赛尔：

我认为您讲得很对。我在大约 1933 年读雅斯贝尔斯的《哲学的系统》(*Système de philosophie*)一书时，可以说：大吃一惊。这本一共有三册的书对我有解放的作用。但我印象特别深刻的是书的第二册，标题是"存在"，内有出色的分析，特别是有关"界限处境"。您大概记得那时我写过一篇相关的文章，在《哲学研究》(*Recherches philosophiques*)的期刊上发表，后来收入我的《从拒绝到呼吁》(*Du refus à la Vocation*)一书(译者按：此书后来改名为《具体哲学论集》)。

该书第三册的标题是"超越"，我对它兴趣不大。在那册书中，雅斯贝尔斯大量引用数字使它的文格模糊起来，而读者不停地自问：究竟他现在写到哪里了？

保罗·利科：

我甚至对雅斯贝尔斯的第二册也有意见。他的有关自由的哲学那么强调"选择"，那是一种在焦虑中做的自我选择，而我对您按克洛代尔诠释的自由看法更有同感。您对"自由有若回应"比"自由有若选择"更为看重。对比之下，今日我对雅斯贝尔斯的自由哲学更有感觉的是，他刻意强调的重点：流亡、孤独、拒绝……有一种失败的浪漫主义，满布着逆境和挫折。我想到他写的一些篇幅，如黑夜的教导指出一切规律秩序应当被破灭；黑夜是存在的冲动把自己推向毁灭。我不相信您会采取同样的看法。

马赛尔：

不会的……不是已有人讨论过这些观点吗？有人说它像浪漫主义的余波，如果我没有记错，那是瓦格纳式的（Wagnériennes）。不，但我相信您讲得很对……

保罗·利科：

"焦虑"这个主题在您的思想中占有什么位置？

马赛尔：

好的，焦虑确实是一个我们必须面对的问题。我可以确切地说，在有关存在的哲学里，焦虑并非一个中心主题。这是我与海德格尔大不同之处。这里我们又找到了克洛代尔，他提供的丰富的存在性体验，如喜乐洋溢、内心充沛感，我觉得您有关自由的说法正确无误。最近几年，我愈来愈体会到：把自由等同于自由选择，是大错特错。

今天早晨我有机会作了一个代价很大的决定：那是关于要从一个出版商那儿取回一本他要我写的稿子，因为我发觉，如果这本书一出版，就会使某人遭到危险。我没有斟酌的余地，我说："应当收回该书，甚至应当毁掉它。"虽然没有别的选择，但我在那一时刻，觉得拥有无可比拟的心灵自由。为什么？因为有一种与外界类似的规则，使我确定：如果我不这样决定，我就是出卖自己，我就会犯错，我与我常思考与肯定的原则背道而驰，因为有人会因之而堕入严重的危险中去。这个例子很能代表我对自由的看法。

保罗·利科：

我愿意回到"焦虑"的主题，因为您与海德格尔为了这个主题有过误会。或者，许多人从存在性角度去读海德格尔。人们太用萨特的角度去读海德格尔关于焦虑的论述。对海德格尔来说，人在焦虑中对一切事物均摇摆不定，终会从您称为"存有"的维度中抽离出来。这使我回到我不久前提到过的想法,我说：您只是表面上接近雅斯贝尔斯,但从较深的角度看,您更接近海德格尔。他说的"遗忘存有",在您分析"有""失望""无法临在及无法给予性"(indisponibilité)时,有了回响。还有您用的"询号"(questionnement)——这个问题,我们在第六次访谈时还会提及——照我看来,颇近海德格尔的讯问(interrogation)。我倾向于把您和海德格尔的差异放在另一个焦点上——当我读海德格尔的作品时,这个焦点一再出现,成为一个我不解的问题——我要说的是：他对有关"犹太—基督教"的一大区块,常小心翼翼地回避不谈。

马赛尔：

海德格尔是一个希腊人!

保罗·利科：

只在您自称为"边缘基督徒"或"前基督徒"的范围里,您的门槛守候人的立场才使您接近海德格尔。

马赛尔：

对啦! 这是可能的! 我在想,在海德格尔和我的立场间最基本的共同点是：肯定"存有"具有神圣性,我们二人都相信："存有"是一个神圣的实体。我觉得这是非常重要的信念。我相信就这一观点,已足以驱除任何有关海德格尔与萨特思想间之接近的幻想。我很高兴您给我一个机会,让我澄清我关于海德格尔写过的一个剧本。它的法文名字是 *La Dimen-sion Florestan*，德文名叫 *Die Wacht am Sein*（《存有之惊醒》）。事实上，剧中用了许多海德格尔的令人难以理解的术语，似乎在卖弄文字，但也不排斥这方面。我在奥伯豪森（Oberhausen）和柏林的两次演讲中作过交代：这一切绝不剔除我与他之间所有的形而上的接近。

但我对海德格尔的一组著名的对立词之诠释采取保留的态度。这两个名词是 etre 和 étant。譬如我曾向亨利·毕洛（Henri Birault）提问说："您认为海德格尔会接受我尝试着做的一个对换，即以'光''照明者'取代'存有'，以'被照明者'取代 l'étant。您相信海德格尔会接受这种取代吗？"毕洛的响应相当保留。我不知您如何想，亲爱的利科，对我来说这是极重要的问题，因为海德格尔用的术语叫我很为难。我觉得他用的术语太具文法的性格，反而使我起疑。然而人们连用一分钟之久的时间也不会、不会对这位才华横溢的思想家提出异议——我不知应说哪一类——在有关心灵的、推理的经验上，他都有出色、深邃的见识。

保罗·利科：

我倾向于缩小你们间的对立，而用隐喻来叙述你们间的差异：海德格尔是希腊式的，而您是《圣经》式的。

第五次访谈：忠信

保罗·利科：

亲爱的马赛尔先生，第四次访谈中我们把基督教、存在主义和海德格尔针对着您的存有论作了一些对比。访谈到了这一阶段，我们可以询问：是否您的哲学把当前世界的一些基本问题放置一边。我们难免要说，也许这是一个有关精神生命的哲学，那么必要时它不涉入现实，或者，它只在重估人际关系时才接触到世事的演变。譬如说有关"忠信"，您写过不少非常重要的篇幅，甚至可以为之牺牲社会关系。这个异议让我们在第五次访谈的一开始就思考，按您的说法是"人内的人性品质"(*l'humain dans l'homme*)。您如何把这个主题在您的哲学中定位呢？

马赛尔：

二十年来，这个主题在我的思维中变得愈来愈重要。我会走得更远，当我回顾过去，甚至当我回顾我的教育，我发现我很早就在一些我就要给您讲的环境中，可说是对正义的问题异常敏感。我记得在第三次访问中已暗示过，在我幼年时对德雷福斯事件就有极强烈的响应。此处我没有时间去申述该事件的细节。那时我的音乐老师是德雷福斯上尉的亲戚，她同我家人的对话使我大感兴趣。我的姨母情绪高涨，她影响我极大，我完全认同她的看法。直到1899年在布尔根施托克（Bürjenstock），我们知悉了雷恩（Rennes）法庭的判决，可以说这个事件在我身上铭刻了一种态度，以致我一生要以同情德雷福斯人士自称。也正因为如此，当我与朋友一起去参加抗议莫拉斯（Maurras）的诉讼时，我一开始就说：我以德雷福斯同情者的身份来支援莫拉斯。我不会对莫拉斯的案件作一个全面的辩护，因为我从未参与过他的支持者的行列。

还有，1914年第一次世界大战及其发生的周围环境对我影响之大，是我无法大张旗鼓地描述的。当我因工作关系可以看到有关的外交文件时，我的心灵陷入焦虑的深渊；我要确定1914年法国参战是否是正义之举。今天在许多文件公开的情形之下，我仍不很清楚，在我回到原点时的情绪是怎样的。今天我的看法是：那时法国参战所负的责任，远比我当时想的要更真实和更沉重得多。但这一些都非最重要的事，我要讲的是：这件事叫我有直截了当的投入体验。我那么彻底的投入和关怀，这种有关军事活动方面的关切不是当时知识分子习惯有的现象。正因为如此，我无法平复对德国重新武装产生的焦虑，而对于联军在此困境前的一无作为，感到极大的悲忧。

我认为：如果有人以为我的哲学只顾及心灵和心灵有关的问题，这是一个大错特错的误解。

确切地说，只是在第二次世界大战的过程及以后，我费尽心力关切的事逐渐可以用哲学用语表达出来。至于有关"科技世界"的问题，我要用类同的方式来回答。我不能不说，我对于这个主题愈来愈关切。我可以说：对这个问题，我的思想有一个进化的看法。那是说，起初我对世界科技化抱着太敌对的态度，今天看来有些荒谬。我承认：我们今日连一分钟也不可能谴责科技。我确认科技本身是无辜的，是人把它用到坏的方面去，并且人们对科技从属的目的付出太少的关心。

保罗·利科：

对，在您的《存有奥秘之立场与具体进路》一文中，您在批评人被还原到"功能"的背景中引入"奥秘"的主题。功能包括生理功能和社会功能。您对在科技世界的动机和存在哲学间的根本不协调加以肯定。较近的是，在1960年您在法兰克福作了一个以"真理及正义的追寻"为题的演讲。稍后，德国出现了以此为名的论文集——《真理与正义》问世，无疑的这是受您演讲的启发。您对人性的正面评估使您不遗余力地批判"反人性"。我的问题还在：在您哲学思想的层级中，应如何安置您对于人性的关怀？

马赛尔：

您的问题非常合理，我试着作一回答。问题是：在我的思想中，有关真理与正义关系的反省，应在何处定位呢？叫我回答有些困难的是，您也知道，我从不按照系统模式进行思考。我无法说在我内心有一个严格地安装的整体，在其内可以找到有关这个反省的确定位置。

在这里扮演着重要角色的，是对事件的反省，就像我刚才说过的。愈来愈清楚的一点是：正义的问题有优位，我们应当采取一个柏拉图所取的立场，他认为：一个国家如果不把正义放在最高位置，难免不退步堕落。

保罗·利科：

我会想：在正义的意义和您的哲学的其他方面的联系，大体说是通过否定的主题表现出来。您在 1951 年出版的《人们反对人性》一书，竭力反对一切相反人性的作为；而症结所在，如我所见的，是您永不停止地批判抽象的精神。在您的推理哲学——如果此语尚适用——及您的对现实社会的判断间，对抽象的批判有承上启下的地位。人们一方面发现您对科技的过分嚣张及其随附的不良后果之批判，另一方面在您把存在或存有的各式各样的"问题化"（problématisations）批判之间，两端是可以等同的。这都可以归纳到您对抽象精神否定的进路。

马赛尔：

您讲得对。确实是这样。或许有人可以怪我：未曾足够地把我所反对的立场的积极基础解释清楚，也没有足够地澄清我据以判断抽象精神之完全无济于事的思想模式。我想：如果重读我的作品，读者可以了解我之所以会严格批判抽象精神，乃因我关心存有论，我反省的焦点是"存有"。他就会明白，不但可能，并且必须有这种态度。我也想请教您，是否关于这个问题，海德格尔与我虽然写的格式不同，但实有某种深度的共识？

保罗·利科：

有一观点可以让我们检验一下您的想法：在您谴责会贬损人性的科技时，您常提到一个字："亵圣"。不论有关宣传，或人类生命机械化的某些方面，人类控制大自然的结局，您对此都常回到同一个论点：人内的神圣核心被侵袭了。就是人因具备神圣本质而有的完整性，使您的哲学和切身投注有深度的一致性。

马赛尔：

是的，正因为如此，我在我最近的几个演讲中一再回到神圣的问题，我问：神圣的体验在这个愈来愈以科技为重的世界，要变成什么？就是这一点，我想我与海德格尔关于存有的神圣尊严有相同的立场。

真的,这里有一些不易表达的东西。与这种"东西"之会遇,除非以逐次逼近的方式,否则别无他途。我想,您提到的那本小册子刊载的所有演讲,虽然它尚未译成法文,却指出了把握存有的神圣本质及体认人的位格之有神圣性的进路。这就是我于 1961 年在哈佛大学演讲的原理,在法国它的书名不恰当地被缩减为"人类的尊严"。

我试着要完成的任务是:重建位格和位格的尊严的传统诠释,但尽力避免给它加上一个,譬如说,类似康德式的纯理性的含义。

保罗·利科:

您讲得好,因为甚至于在您讨论正义时,您不取法律思维的立场,这种立场起源于您摒弃的理智主义。对您而言,正义就是准确性,它不单尊崇人的合理性,还强调人的神圣能力。

马赛尔:

对啦! 这是一种很接近"虔敬"心态的"感恩"。我在这里用的"虔敬"完全不从基督信仰来讲,倒比较接近希腊哲学给予的含义。

保罗·利科:

但如果这样说,与社会及政治范畴的确切关系会变得更为困难。您觉得哪一类的政治参与和哲学家的使命更为协调？

马赛尔：

我多次设法找出基本承诺和偶然承诺之别。我认为基本承诺与哲学家的使命是联合的。我绝对无法想象哲学家拒绝这类承诺。但还有一种承诺，它有偏见在后面作祟，所以不是绝对的。

基本的承诺与结构性的条件有关——或许应当说——同人的存在有关。我举两个例子来说明一下：不去绝对谴责任何一类种族主义，对我而言，这不是问题。另一方面，我不能容许在宗教有关的事务上排斥异见的态度。在这两个例子陈示的处境中，我认为哲学家必须采取一个拒绝妥协之可能的立场。

有偏见在后面作祟的一种承诺，实际上是以党派之名作的一种承诺。您很清楚在我的某些作品中，尤其是我的剧本中，我非常反对有关人的宗派主义，因为只要是人就有他的人性价值。在我前几个月发表的剧本《标枪》中有较深的诠释。它可列入我最有含义的作品中。

保罗·利科：

我与您在 1964 年 9 月 20 日接受和平奖①时响应卡洛·

---

① 应为德国出版界和平奖。——编者注

施密特(Carlo Schmidt)教授时作的极出色的分类,有相似之处。您指出基本承诺和宗派承诺不同。在德国的背景下,我看到您不单像您刚才说的接近海德格尔,或许也接近马克斯·韦伯(Marx Weber),后者把伦理分为信念的伦理和责任的伦理,他亦称责任伦理为威力伦理(morale de force)。您能否接受下列说法,即有两个层面的伦理,其一表示一种深度的伦理,它永不止休地对政治和社会舆论施加压力;而另一伦理常受可能与否及合理与否考虑的牵扯?

马赛尔:

我对马克斯·韦伯的思想不是很熟悉。但我对您提到有关我与他接近的想法不会讶异。另外,我们在这里还是要回到海德格尔。如果我们记得海德格尔在某一时段对纳粹主义超乎宽容的心态,我认为这是他的无可剔除的污点。此外,我认为他之所以如此做,实在由于他在自己的哲学修养方面有某种缺失所致。但在韦伯身上相反,韦伯在重要的议题上常是不受非议的。

保罗·利科:

为刻画您对一切层面和面对一切危险最适当的词汇是"惊醒的哲学家",您的哲学一直有"守夜惊醒者"(Veilleur)的性格。

马赛尔：

是的,这个词汇我自己在您刚才提到的法兰克福演讲中曾经用过。我想它指出一个重要的功能——我不很喜欢"功能"这个字;更好用"任务"来说,哲学家应当对社会事件密切注意,并对其精神面貌抱持惊觉,因为我们知道我们每一位都一直暴露在倾倒的危险中,如果您允许我,我要说:我们会跌入一种伦理的"随顺大流"(grégaire)的状况,跌入一种循规蹈矩,甚至一种伦理的纯非理性主义的漩涡中,关于这点,我完全同意以前的思想家及我熟悉尊敬的人士,如莱昂·布伦士维格(Léon Brunschvig)的见地。虽然在思想上我与他有所不同,但我常在思考他时怀有敬意。

第六次访谈：希望

保罗·利科：

亲爱的马赛尔先生，我们已到了最后一次访谈，我们要在这次访谈中尽可能地把您作品的贯通乾坤的线索寻找出来。的确，我们说过，并不存在所谓的马赛尔的系统；但至少我们应该在讨论过的许多主题中清理出一条活泼的主轴，它可以涵含不同的分支，像本体论、存在、戏剧、伦理诸方面。您能否把该主轴与您在《存有的奥秘》一书的序言中所提到的名称"新苏格拉底主义"相提并论呢？

马赛尔：

是的，这个名称不是我制造的，它是一位名叫约瑟夫·舍尼的学者建议的。这位先生当时常来参加我的合作研究，他今日在摩洛哥任教。那是在第二次世界大战前不久。对这样一个名称我觉得比较能接受，因为我对一切"主义"都具有戒心。而这个名称却能把我思想中询问的重要角色显示出来。我一直关心着：在一切探索前，如何把问题正确地提供出来，甚至在尚不清楚是否有了某个暂定的立场时，这些问题一定可以解决。

这个名称愈来愈清楚地回应了一个事实，即我在较年轻时怀有可以建立一个系统的幻觉，后来我彻底放弃了这个幻觉。我发觉我的思想模式与系统化的形式是水火不容的。或许我能说：我的批判反省就是针对着有含糊性及对主体和其制度间有些不安感之处在运作。"有一个系统"的说法常使我感到混淆、不适。

我觉得只要某人认为他有一个系统，他就会设法去探究它，去经营它。这些描写对物质领域的东西尚可适用，但涉及精神层面时，它们多少会失去其原义，或至少有扭曲其义的危险。

这样讲来，亲爱的朋友，我想您要把"新苏格拉底主义"这个称呼加以保留是合理的。我记得我的朋友蒂利埃特（Tilliette）神父在他所写的有关我的一篇极有深度的文章中，也用了这个称呼。我还可以多讲一些，我愈来愈清楚，就是说，我不可能把我放在一个像上帝那样可以环视周遭的中心位置。我觉得这种奢望与我们受造物的身份是完全不兼容的。从而我对谦逊有一个哲学的解释。谦逊与骄傲是完全对立的。当然这种说法还是有可质疑之处，因为谦逊也能变成一种自负，而把自己毁掉。可是我看到——或许我的剧本在这方面最为敏感——在我们之所是，我们身为平等的存有，我们是主体这方面，我们必须体认有一种暧昧性格。

我要给您念我的剧本《特使》第三幕中的片段，它很能配合我刚才所说的话。这出自一个我很同情的角色之口。此人名叫安托万·索尔格(Antoine Sorgue)。他说："是或否,这是唯一的回答,就在我们自己被牵涉进去的地方;我们相信及我们不信,我们爱之及不爱,我们是之或不是;但如果是这样,那是因为我们都一起正在走向一个目标,我们全体看得见它,也看不见它。"

保罗·利科:

您引的这段剧中人的话,叫我想起在您作品中的一个主题,即"在引进中的人"。您把您的一本书命名为"旅途之人"。我不愿这个名称把我们急速地推向一种思考,即有关一个知道自己目标的旅行,就像要使人相信有一种在经验的考虑上加上一种不甚清楚的外援一样。关于这点,我们还会回来讨论。相反的,有关行旅,有拐弯、曲折、要走得如履薄冰似地小心翼翼。成功的行旅是要支付不小的代价的。在您刚才提到过的蒂利埃特神父的杰出作品中,他精辟地描写您如何又敏捷又辛苦地使您要表达的思想成形。为思考这个分析,我建议我们从您的希望哲学的"背面"来探讨,这恰好是"行旅"的题目。很可能它会把我们带向一个我们从系统的角度无法找到的中心点。事实上,我们可以说您的思想有一个裂缝,将它一分为二。一面有关于时代讯号的令人惊慌的诊断,另一面有入世(incarnation)和具体存有的反省和庆祝。您的哲学一直是相反二元论的,您有两种音调,一种是苦涩的,另一种是心平气和的,甚至是喜悦的;我会说:在您的作品中有一种光明的形上学,也有一种黑暗的社会学,两者对峙着。两者的联系在哪里? 两者如何衔接? 我会说:在某种意义下的经验内得到联系。经验本来会误导人,但如果我们能够促成经验和行旅的联结,或许我们就能接近中心点了。

马赛尔:

亲爱的利科,我觉得您看得很清楚,因为当我试着重新回顾过去走过的路径时,我察觉我真是一步又一步地在重估经验。

回想起来,我应该说,对我这是一个不悦的话题,我较年轻时对经验主义是非常蔑视的。当然,这里谈的经验主义是英国的,洛克比休谟更有过之。

之后,我读了美国的哲学作品,尤其是威廉·詹姆斯(William James),我不断地修改我的成见;但我相信并非因着阅读我的思想才得以确定,不,我想更是我的生命,我与他者交往的生命,反省他者,反省与他者的关系,反省我们未曾多谈的"互为主体性",但这对我来说是极为重要的,对于这一点,我认为我们还须增加一些讨论。所谓"互为主体性"是向他者开放,这种开放不断地受到威胁,因为每时每刻,"自我"都有可能要堵塞这种开放,在他变成自己的囚犯的范围内,或他除非针对自己而考虑他者的时候——但对他者开放(用另一言语来说是爱德)是我终于得到的若干最主要的确信之一。

我想在博爱（agape）的层面，在爱德的层面，或在互为主体性的层面，经验才可以多少被转化，这是在于它肯认检验的价值的情况下。

保罗·利科：

是的，就在这方面，您对奥秘的冥想按其可能地不同于逃避或放逐。我们谈过苏格拉底：您是追随他的，但您一定不是柏拉图派的，如果柏拉图主义真的把人导向一个"远方"，一个"彼界"。而这就是互为主体性的问题，他者的问题，这些关怀不停地把您拉回到一个取汲不尽的"具体"那边：这是体认他者的行为，它一再地把您拉回到经验，并把它当作一个检验来看。

马赛尔：

是的，您用"体认"（reconnaitre）用得很好。我觉得它是我的哲学的中心，它应适用到一切情况中。

我们也可以想及"感恩"，把体认（reconnaissance）看成感恩。对我而言，人之为人，或许在于最后体认自己的缺失，及自己的错误。

保罗·利科：

就在体认这个行为上，我们应该寻找希望的真义。希望并不与经验对立，却正是在经验的厚度中得以辨别。

您刚才提到安托万·索尔格的一段话,而我现在要引述他的另一段论点。这是我在《特使》一剧的第三幕中读到的:"那边没有这些无情的水,却有充满光明的世界,那里我们不再拉扯什么,而是我们在被拉扯;因为那个世界是一个恩宠的世界;它变得愈来愈明朗,在我们愈来愈相信它的范围内,它变得愈来愈可靠。"

这个文本自然需要冗长的诠释,但它或许给予我们有关您反省的精简提要。同时,它立刻激发一个怀疑,一个反诘:求助于恩宠是否任性地封闭了那个不久前我们谈过的讯问路径?您要如何调解基督徒寻求恩宠和苏格拉底式的思想模式?

马赛尔:

首先,就像您说过的,苏格拉底主义不是一个怀疑主义。它是一种研究,一种摸索,但这个研究并不意味着当人看到了光,必须闭眼不视。

这是我对恩宠的看法。我认为很多神学家遇上的诱惑是:把恩宠不明智地客体化,把它看成一种原因,此后恩宠就不再是恩宠,而变成一种伪知的发条。但安托万·索尔格讲的同这种想法迥异,它只是一个信徒的言辞,一个在寻求自己方向而开悟的信徒,但他很清楚:若他不知检点、不洗心革面,他会熄灭那导引他的光。

保罗·利科：

是的，我们应当了解希望及行旅不是两个不同的东西，希望使行旅中的脚步不再漂泊流浪。我很喜欢您说过的一句话："存有就是起步走"；而这就是希望。是它给予您所有的研究一个"拍子"，一个"步法"，小心翼翼，但又是胸有成竹的。因为存在的迷宫和穿透过迷宫的希望之光，二者不可分地构筑您具体哲学的一致性。我也想到您说过的另一句名言："我在你内为我们希望。"希望不断回来，但在我们的经验内，而不在我们的经验之上，如果我可以这样说。

马赛尔：

我们或许可以加上一句说：希望对我是与可全在性（disponibilité）和忍耐相联的。我觉得这里有一些为一切灵修大师所公认的价值。但被哲学家，尤其是被当代的哲学家所轻易地忽略掉的。

保罗·利科：

或许就在这里我们看到，有些主题，如果抽象地被我们思考，难以测出它们间的相关点，就像存有与存在。我们应当把存有与希望放一块儿，也把存在与行旅放在一起。如果我们懂得希望与行旅的深邃一致性，我们就会了解存有与存在两个问题间有不可分拆性。您是属于佩吉（Péguy）、穆尼埃（Emmanuel Mounier）和其他一些确定灵魂和肉体密切联系的同一族思想家。您的整个思想都在说明下列一项观念：在"人世"（incarnation）过程我们的一切漂泊和探索的持续性基底，和不断把我们领回正路之"希望"间有极密切的邻近和联系，虽然我们不否认两者间有不符合人性的裂隙。

马赛尔：

但是我相信您提到佩吉是完全合理的。的确，在思想家中与我有如此同感的为数不多。在佩吉和克洛代尔之间，我更接近佩吉，他的思考和断言模式与克洛代尔相比较，与我更近，虽然我承认后者的才华绝对激起我的赞赏，还有他在1912年至1914年间给我的重要影响。

保罗·利科：

我不认为在这一连串访问的尾声我们提到佩吉会是一个疏远苏格拉底的行动，因为苏格拉底的精神就是"冒险"，美丽的冒险。他不是没有退场，还在《斐多篇》（*Phédon*）对话录之尾声，许了一个愿，并作了一个祈祷吗？这也是我们现在正在做的事。

我在您的《旅途之人》一书的结论中，念到了这一段话："变形的精神。当我们试图清除使我们与另一王国分隔的边境阴霾时，请您指导我们新手的行动！待规定的时间一到，请您唤醒旅人身体内的生气，使我们肩负背包，精神抖擞地起步，那时，晨曦在因蒸气而显朦胧的窗后悠悠地升现！"

参 考 文 献

一、保罗·利科著作

Entretiens Paul Ricoeur-Gabriel Marcel，Paris：Présence de Gabriel Marcel，1998.

"Gabriel Marcel et la Phénoménologie"，*Entretiens autour de Gabriel Marcel*，Neuchatel：A la Baconniere，1976.

二、马赛尔著作

Journal métaphysique，Paris：Gallimard，1940.

Etre et avoir，Paris：Aubier 1935.

The Philosophy of Existentialism，tran. Manyan Harari，NY：Citadel Press，1966.

项退结编：《人性经验的存在背景》，台北：问学出版社1979年版。

陆达诚译：《是与有》，台北：商务印书馆1982年版。

陆达诚译：《存有奥秘之立场与具体进路》，《存有的光环》，台北：辅大出版社2002年版，第269—308页。

三、其他作品

Gilson, Etienne (ed.), *Existentianisme chrétien：Gabriel Marcel*, Plon, 1947.

Granade, Gulcevahir Sahin, "Le corps propre：Gabriel Marcel et Merleau-Ponty", Paris：Présence de Gabriel Marcel, 20, 2011, 59—70.

Miceli, Vincent P., *Ascent to Being*, New York：Desclee, 1965.

Spilgelberg H., *The Phenomenaological Movement*, The Hague Nijhoff, the third and enlarged edition, 1980.

沈清松:《吕格尔》,台北:三民书局 2000 年版。

陆达诚:《存有的光环》,台北:辅大出版社 2002 年版。

陆达诚:《马赛尔》,台北:三民书局 1992 年版。

陆达诚:"An Existential Interpretation of Gabriel Marcel's Play：The Broken World",《政治大学学报》1984 年 5 月,第 49 期,第 1—17 页。该文中译:《马赛尔的剧本〈破碎的世界〉——一个存在性的诠释》,《哲学与文化》,2010 年 2 月,第 37 卷第 2 期,第 145—164 页。

下编

《破碎的世界》剧本

[法]加布里埃尔·马赛尔　著

邱其玉　译

序

　　1933年马赛尔发表《存有奥秘之立场与具体进路》,文后附《破碎的世界》一剧,表示两者有密切关系。该文被吉尔森(E. Gilson)誉为20世纪前半世纪法国最杰出的两篇论文之一(另一篇为柏格森作品)。保罗·利科六访马赛尔时两人曾多次提及该剧,它几乎是马赛尔一生思想的结晶和撮要。(中译首发于《哲学与文化》1982年8—9月)

　　此外马赛尔屡次提及他的剧作先于他的哲学,此剧亦应是引发马赛尔写《存有奥秘之立场与具体进路》的导火线。该文由辅仁大学哲学系研究所邱其玉同学翻译,附在其硕士论文中。今征得她的同意,收入本书,想必有助于读者了解马赛尔哲学的深层含义,使保罗·利科六访马赛尔的内容得到更具体之例证。

剧 中 角 色

- 克里斯蒂安·谢奈（Christiane Chesnay）：33 岁。罗伦·谢奈（Lawrence Chesnay）之妻。
- 罗伦·谢奈：36 到 38 岁之间。克里斯蒂安的丈夫。
- 丹妮·菲尔斯特林（Denise Furstlin）：35 岁。克里斯蒂安的童年友伴。
- 奥伯格（Augsburger）：60 岁。克里斯蒂安的父亲，退休的银行家。
- 亨利·布朗恩费尔斯（Henry Braunfels）：35 岁。克里斯蒂安的童年友伴。
- 茱莉（Julie）：女仆。
- 吉尔勃特·德克洛（Gilbert Desclaux）：28 岁。仰慕克里斯蒂安的青年。
- 安东诺夫（Antonov）：40 岁。俄国音乐家。
- 娜妲（Natalia）：安东诺夫之妻，年龄不详。
- 杰克·德克罗伊（Jacques Decroy）：本笃会的修士。
- 吉妮·傅格（Genevieve Forgue）：38 岁。克里斯蒂安

的童年友伴,杰克·德克罗伊的姐姐。

本剧于 1932 年在巴黎首演

译自 *Gabriel Maecel's Perspectives on The Broken World*，trans. by K.R. Hanley, pp.31—158。

本剧的背景是 20 世纪 30 年代的巴黎,女主角克里斯蒂安·谢奈是一位多才多艺、美丽聪颖而极富魅力的少妇,她身边环绕着的许多男女朋友全都渴望吸引她的注意,争取她的爱情。克里斯蒂安的生活忙碌,投身于各种文艺活动、旅游、社交,但她的丈夫罗伦·谢奈却是一个寡言严肃的政府高级法务官员,他的存在很容易被忽略,性格也单调乏味;他们有一个儿子克劳,在瑞士的寄宿学校读书。

丹妮·菲尔斯特林是克里斯蒂安从小一起长大的好朋友,虽然两人性格不同但相交甚笃;丹妮的丈夫马克(Max)因有特殊性癖而时常流连于妓院,两人有一个孩子,因为马克很爱孩子,所以两人仍然维系着夫妻关系,但丹妮则另有一个公开的情夫伯特兰(Bertrand)。伯特兰的生活堕落滥交并嗑药吸毒,丹妮供养伯特兰所需,并出资供伯特兰入疗养所戒毒。

克里斯蒂安的母亲已逝,父亲奥伯格是德籍犹太裔的退休银行家,与一个地下秘密情妇交往已三年,供养情妇却吝惜所费的老人十分享受退休后的生活。

年轻的吉尔勃特·德克洛很仰慕克里斯蒂安,两人合作以书信方式共同创作一部小说,角色对调,吉尔勃特写女主角的信,克里斯蒂安则写男主角部分。

克里斯蒂安的知交好友亨利·布朗恩费尔斯正与克里斯蒂安合作编排一出芭蕾舞剧,他也希望能争取克里斯蒂安的感情。

心理医师多洛雷斯·德·索尔韦多(Dolores de Solveredo)是一名女同性恋者,同样渴望获得克里斯蒂安的关注。

克里斯蒂安周旋在众人之间,生活多彩多姿但内心却不能满足,她感受到人们各自困居于自己的小天地中,表面上看来虽然时有往来沟通,但其实彼此之间并无心灵的交流,这个缺乏和谐一致的生活世界,仿如是已经破碎成许多彼此间无所勾连的碎片,无法互相理解。而这感叹背后逐渐浮现出来的却是克里斯蒂安本人潜抑多年的一个秘密,这个秘密也是克里斯蒂安无法以真实自我与他人交往沟通的原因所在。

第 一 幕

小客厅,现代化的家具布置。

室内右侧立着一架大钢琴。

时间是下午两点。

(罗伦坐在他自己的椅子里抽烟,克里斯蒂安在打电话。)

克里斯蒂安:小姐,如果有任何问题,请记得跟我联系。克劳的个性有一点……嗯……你得知道怎么跟他沟通。如果他想家的话……当然,孩子们都会梦想要住在瑞士小木屋里,但他可能还是会想……请提醒他一定要按时写信给我们。

罗伦:他上次那封信写得乱七八糟。

克里斯蒂安:喂? 抱歉,刚刚是我先生在跟我说话。

罗伦:真是丢脸!

克里斯蒂安： 我先生提醒我，克劳上次那封信的文笔很差。
　　　　　拼字也有很多错误！没有人会认真去读孩子的信，我只
　　　　　是想确认他是不是健康，过得开心就好……再见，小姐。
　　　　　什么？你是说他可以过来接电话？

罗伦： 已经讲太久了。

克里斯蒂安： （看了罗伦一眼）谢谢你，不必了。他感冒了？
　　　　　噢，请替我们抱抱他好吗？

　　　　（她挂断电话。沉默了一会儿。）

罗伦： 是什么问题？

克里斯蒂安： 小感冒，胃有点不舒服。

罗伦： 他们一定是让他吃太多了。

克里斯蒂安： 山上空气清新，本来就会让人胃口大开。上回
　　　　　我带他去的时候就是这样。

罗伦： 学校功课怎么样？

克里斯蒂安：他都已经病了。

罗伦：我不是单指这个礼拜。问题是等到秋季开课的时候，他到底能不能赶上六年级的程度？他们老当他像个重病的孩子一样在照顾。

（电话铃响，克里斯蒂安接起来。）

克里斯蒂安：喂，亨利吗？是啊，我今天早上才刚到家。这次旅行很不错，谢谢。是啊，大致玩得很开心。没有，人其实不多。嗯，我住的那家小旅社倒是客满了。旅社还不错，你下回可以住那里。就在海边，有点贵，不过房间里都有独立的卫浴设备。不，不便宜，不过我觉得很舒适。谁？德布珂小姐？有，她也去了。她人挺好的……没，没什么好舞者。有，去了两三次，跟吉尔勃特，还有伯特兰……没有，马迪没去。匈牙利人？是罗马尼亚人……是我喜欢的类型！别闹了。（语调转变）是啊，他真的病了，很可怜……不，没什么要紧的事。嗯，很好，谢谢你。他在我旁边……对啊，来我家坐坐。我有点累，今天都会待在家休息，不出门了。再见。（她挂断电话，沉默一会，看着她丈夫）你看起来怪怪的，这几天公务很忙吗？

罗伦：一样，还是在做那些无聊的案子。

克里斯蒂安：(委婉地说)噢,你最近运动量够吗?

（罗伦露出尖酸讽刺的一笑。）

克里斯蒂安：怎么了? 哪里不对?

罗伦：没事。

克里斯蒂安：我不在家的时候,宝琳都给你吃些什么?

罗伦：她做的饭,不就是那种十分钟快餐,填饱肚子罢了。

克里斯蒂安：噢! ……你有什么事情烦心吗? ……

罗伦：完全没有。

克里斯蒂安：办公室里的事?

罗伦：大家都在等着总统过世的消息传出来,就这几天吧!

（电话铃响。）

克里斯蒂安：你接一下好吗?

罗伦：（拿起话筒）喂？请问哪位？谁？你有没有拨错号码？（交给克里斯蒂安）拿去，是找你的。外国名字，我听不清楚。

克里斯蒂安：（接过电话）喂，你好吗？不，还没提。您要知道，我今天早上才刚到家，我得先跟我先生商量过才能确定。他可能会考虑到一些我自己并不清楚的状况。是，当然。我会尽快通知你……请稍等，我去拿纸笔。（她在写）碧丝朵饭店……，是，我知道那里。什么？我当然很高兴再跟您见面，我保证明天就给您消息，最慢后天就会联络您。您说什么？（犹豫）不，他不在我旁边，他刚刚出去了……是，我很好，请您再耐心等待一两天的时间。是的。《雷声》在翡丽厅的首演日期还是预定 27 号吗？我很高兴。当然我们的指挥……您应该自己担任指挥……希望如此……是的。再见。

（她挂断电话。）

罗伦：是谁？

克里斯蒂安：安东诺夫，我在信里提过。

罗伦：就是那个跟你住同一家旅社的人，什么马迪、罗马尼亚歌手、吉尔勃特、伯特兰和露西那一票人，还有一堆小白脸。这家伙想干嘛？

克里斯蒂安：我有个主意。可能会是个好主意也说不一定。你得告诉我你的看法。安东诺夫和他的太太住在旅馆里头，那里很不舒服又很贵。当然房间里也摆不下大钢琴。我想我们家楼上还有一个小公寓空着，也许可以给他们住，反正现在空着也没有人用。

罗伦：他们会付租金吗？

克里斯蒂安：还不知道。暂时得先免费让他们住，不过他们的经济情况慢慢就会改善了。

罗伦：那他们怎么会有钱可以去碧亚里那个度假胜地？

克里斯蒂安：他们是德博邀请的客人。

罗伦：我还以为这个人是蛮有名气的？

克里斯蒂安：有名气不一定就有好收入。

罗伦：他该不会是个激进的左派分子吧？

克里斯蒂安：我想他对政治没什么兴趣。

罗伦：或许是……但是他去年夏天在莫斯科不是有音乐会演出吗？

克里斯蒂安：那又能证明什么？

罗伦：天真的问题……那些人最爱听有虐待狂倾向的音乐。

克里斯蒂安：你说虐待狂是什么意思？我认为他的音乐很健康，充满活力。

罗伦：如果噪音代表有活力的话。

克里斯蒂安：他的音乐有所宣示。

罗伦：毫无疑问，就是要把我们一向珍惜的一切传统都毁灭。

克里斯蒂安：我们是指谁？

罗伦：我自己，也包括我一向以为跟我有相同品位的你。

克里斯蒂安：我不认为我的品位是那样。

罗伦：那是从前，还没有爱上碧亚里和爵士乐之前的你。

克里斯蒂安：你难道不觉得……

罗伦：（尖酸地）不，无论如何……

（他起身踱步，眼神空洞茫然。）

克里斯蒂安：你要知道，如果不是李考曼坚持一定要邀我，我
  是不会跑去碧亚里的。

罗伦：当然，也是为了健康的理由。

克里斯蒂安：你怎么会说"也是"？……

罗伦：我知道巴黎的生活危害你的健康。

克里斯蒂安：罗伦，你为什么说"也是"？

罗伦：碧亚里又不会逼着你去。是你自己要去的。

克里斯蒂安：我好不容易有机会可以跟丹妮一起出去旅行。
  而且你当时也没有反对啊？那你现在为什么又要抱

怨呢？

罗伦：我没有抱怨。

克里斯蒂安：你这样对我很不公平。

罗伦：你很清楚我的感受……

克里斯蒂安：什么感受？

罗伦：首先，你知道我对你那个朋友的看法。

克里斯蒂安：我只有这一个童年好友了。

罗伦：对一个在自己老公眼皮底下炫耀情夫的女人，你的看法可真是纯洁无辜……

克里斯蒂安：难道你宁愿她用谎言欺骗丈夫？

罗伦：我考虑的是你。如果他们稍微掩饰一下自己的行径，别人就不会晓得，你其实也很清楚他们的勾当。

克里斯蒂安：这真的是！

罗伦：我不高兴的是你表面上假装不在乎他们的丑行，事实上你根本就觉得这样的行径很恶心。

克里斯蒂安：你错了。我不会批评丹妮。

罗伦：她是你的童年好友。我已经知道了。

克里斯蒂安：她丈夫对她真的很不好。她现在也知道当初实在不应该嫁给这个人，可是她现在又不能随意离婚，因为他们已经有一个孩子了，何况马克也很爱孩子。那她又能怎么办？

罗伦：那可真了不起。换作你是她，你又会怎么做？

克里斯蒂安：这种事谁又能知道？所以我们才不应该论断别人的是非。

罗伦：那道德伦理也都不必顾了吗？

克里斯蒂安：这只是生活方式的问题而已。我们每个人都应该创造属于自己的生活方式。有些人能谅解这种情形……有些人不能……我不认为我自己能以她那种模式过日子。

罗伦：那倒是保险。

克里斯蒂安：你需要我向你保证吗？（罗伦没回答。克里斯
　　蒂安转换说话口气）那，我们要怎么回复安东诺夫？

罗伦：什么跟什么！

克里斯蒂安：你的意思是？

罗伦：我看不出这跟我们有什么相干。

克里斯蒂安：连我自己都不知道。

　　（丹妮进门。）

丹妮：嗨！亲爱的……你怎么样？你好，罗伦。（转向克里斯
　　蒂安）我刚刚在楼梯间遇到你爸爸，就一起进来了。

　　（奥伯格进门。）

奥伯格：（犹裔德语腔调）我快喘不过气来了……你们这儿的
　　电梯又坏了。电梯怎么老是故障。

克里斯蒂安：(对她父亲)我正要打电话给你。

奥伯格：我还没吃中饭,最近我几乎都不在家里吃中饭了。

罗伦：你这样会把胃搞坏。

奥伯格：怎么会? 我又没去餐馆乱吃东西。快告诉我,你去碧亚里玩得开心吗? 你看起来还是太瘦了。

丹妮：才不会,她这样刚刚好。对不对,克里斯蒂安?

奥伯格：要是我,就算你花钱请我,我也不去。那里有太多回忆了。

罗伦：痛苦的回忆吗?

奥伯格：太美好的回忆。1908、1909 年时候的皇宫饭店,上流阶层的奢华享受……你们根本无法想象。现在全都变了样了。

克里斯蒂安：可是你在那里打高尔夫球消遣的时候,妈妈就觉得无聊得要命。

奥伯格：大错特错，她玩得可开心了。她爱死了那份奢华。

克里斯蒂安：是妈妈自己跟我说的。

奥伯格：她过世前那几年说的话，根本就不能相信。还有圣莫里和戛纳……这些个地方。（他摆出一个姿势，表示一切都过去了，再也别想了。他转向丹妮，手指着克里斯蒂安。）她呢？是不是让什么人在碧亚里心碎了呀？

丹妮：你最好相信。我算算至少有……三个……四个……四个半。

奥伯格：我很好奇那半个会是谁。

丹妮：在赌场遇到的一个年轻的西班牙女孩……她可是完全着迷了（克里斯蒂安笑着反驳）。

罗伦：（突然粗率无礼地起身）抱歉……我得去寄一封信。

克里斯蒂安：可是我们可以……

罗伦：不，不用。我想要自己去寄。再见，爸爸。

（他向丹妮鞠躬，离场。）

克里斯蒂安：（责备丹妮）你明明知道他的脾气。

丹妮：什么意思？哪里不对了？

克里斯蒂安：你这样是在暗示多洛雷斯的道德与性向问题……（尖锐地）。况且，我们根本不确定……

奥伯格：我对这类事情也是老派想法。那些女人可是与众不同的样本。

丹妮：她们跟你我一样，都是普通的正常人罢了。

克里斯蒂安：这一点我就不能肯定了。

丹妮：再说，谁敢说怎样才算是正常？

奥伯格：在我们那个年代，人们不会把这种事情摆在台面上讨论。（对克里斯蒂安）我敢说你妈妈到死为止，都还不知道世上竟然还会有这种事。（对丹妮）她的心思可真是单纯，不过我说的不是她去世前那几年的光景……

丹妮：她最后那几年捱得很辛苦。事实上，克里斯蒂安才刚结婚，她就病了，对吧？

奥伯格：我得说，她到死之前都还在担心，恐怕克里斯蒂安会嫁给某个信仰虔诚的教徒之类的。况且，我自己也不喜欢那样。给孩子找一个合意的对象结婚固然是没错，可是玛蒂简直是完全沉溺在这件事上。她还没嫁给我之前原来娘家是姓科布伦茨（Coblentz，译注：源自斯拉夫语系，东正教区），可是过了好些年，最后简直要变成一个反犹主义者。（大笑）说不定是因为跟我长期生活在一起造成的影响。

克里斯蒂安：爸……

丹妮：毕竟，她给你取名叫克里斯蒂安（Christiane，基督教名）。

奥伯格：啊哈！才不是，这名字可是我取的。

克里斯蒂安：（冷冰冰地）那又有什么差别？

（沉默。）

丹妮：我们不在家的时候，马克买了一大堆唱片，有些真的很不错，尤其是那些世界闻名的蓝调音乐。

奥伯格：（不同意）噢嗷！

丹妮：有曼纽因（Menuhin）演奏的莫扎特，还有索冷
（Solesmes，译注：本笃会修士发现葛利果圣歌的所在地）
团体的全集。

（克里斯蒂安畏缩了一下。）

奥伯格：（笑）真是好一个大杂烩，你不承认也不行！

丹妮：你一定得到我们家来一趟，用我们新买的电唱机来听
听索冷修道院录制的音乐。

克里斯蒂安：（尖锐地）不要。

丹妮：你一向喜欢圣乐……

克里斯蒂安：那是在教堂里面听，不是像个三明治一样夹杂
在蓝调和探戈中间。

奥伯格：你知道唱片录音这种东西……要是我周六可以到音
乐学院去听乐团演出前的彩排，礼拜天又能在音乐厅里
头听音乐会……录音根本就是太多余。

克里斯蒂安：他们怎么能够录到索冷团体的音乐？全体修士
　　演出吗？

丹妮：也许他们认为录音是很好的公开宣传。

奥伯格：而且毕竟可以从中获得报酬。（他用右手做了个手
　　势）就像本笃会修士酿制的甜酒是一样的道理。

丹妮：这必然成为那些修道士真正的摇钱树。

克里斯蒂安：（语调模糊不清）你这样相信？真的吗？

奥伯格：（对克里斯蒂安）我想要问你的意见。（对丹妮）亲爱
　　的，你也能帮上忙。我有个女性朋友想找李考曼看诊，你
　　们对他的诊疗服务还满意吗？

克里斯蒂安：他看诊好像相当仔细。

奥伯格：那他的收费……不过分吧？

克里斯蒂安：诊疗费一次是五十法郎。如果到府出诊就要一
　　百法郎。

奥伯格：那可不便宜。但是如果有后续的追踪治疗，我想应
　　　该会打折吧！

克里斯蒂安：我不清楚。

奥伯格：你能不能问问看？

克里斯蒂安：这样会有点不好意思。

奥伯格：好吧，我们下次再说吧……克劳好不好？你最近有
　　　他的消息吗？（起身）亲爱的你不必送我，你很累了；而且
　　　你真的是太瘦。（对丹妮）再见，女士。

　　　（奥伯格离场。）

丹妮：一个女性朋友……告诉我，还是原来那个女人吗？

克里斯蒂安：我想是。已经三年了。

丹妮：他们最后还是会结婚吧？

克里斯蒂安：我很怀疑，他们似乎都很满意目前的状态……

丹妮：听听你那种语气！

克里斯蒂安：对我爸，你还能有什么期待……（她几乎要掉泪）噢！我们别说这个了。谈点别的什么吧！

丹妮：你爸爸尽管在财务上曾经损失惨重，现在倒是很享受他的退休生活。

克里斯蒂安：自然。

丹妮：他人其实不坏。

克里斯蒂安：当然不坏。

丹妮：所以呢？

克里斯蒂安：我不知道自己的心情为什么突然有这么大的变化。

丹妮：就是我刚刚提到索冷团体的时候。

克里斯蒂安：（不安）你别荒谬了！

丹妮：不管怎样，我也不明白……你知道吗？我想马克有个
女友。昨天他收到一封洒了香水的信，今天又收到一张
明信片。他故意让我看见，想要我要求他让我看信，可这
些事我不看也知道。事实上，目前的情况已经是最好的
状态了。他以前常去混的那些个地方，我知道都不能够
满足他。他需要固定的关系，而且，即使在我们的关系
里……有时候我还得要……可是……现在……（感受到
对方似乎反对，她又补充）是，我知道，这样真的太难堪
了。但我又能怎么办？因为只要伯特兰还愿意容忍目前
的状态……

克里斯蒂安：我知道。

丹妮：你觉不觉得他好像变了？

克里斯蒂安：哪方面？

丹妮：嗯，就是他对我的态度不大一样了。你在碧亚里跟他
聊过几次，你很……喔！你那样根本就是在责备他。

克里斯蒂安：（敏感）我希望不是……

丹妮：噢，你可能不小心把什么事情给说漏了嘴，谁晓得呢？

克里斯蒂安：我什么也没说，我保证。

丹妮：真的吗？有一阵子，我觉得他的注意力都在那个年轻的德布珂小姐身上。

克里斯蒂安：她好像已经准备把自己送进他怀里一样。

丹妮：真的？

克里斯蒂安：她非常大胆。

丹妮：那真奇怪，因为伯特兰无法忍受这种类型的女人。

克里斯蒂安：那又怎样……

丹妮：嗯，我想应该没有什么需要担心的。而且，就算担心我们又能做什么？我们也只能想办法调适。我们每个人都一样，你还不是得想办法适应，只是面对不一样的状况罢了。

克里斯蒂安：不，我的情形不一样。首先，我根本就不爱任何人。

丹妮：你确定？

克里斯蒂安：百分之百。

丹妮：那也没有多大意义。最后我们离开之前的那个晚上，
　　当你三更半夜才跟那个年轻人吉尔勃特·德克洛从艾斯
　　普奈海滨回来的时候，我发誓我真的狐疑……

克里斯蒂安：（好脾气）那个可怜的男孩，他还真的指望会有
　　些什么。他计划了一切，结果就像泄了气的皮球一样。
　　那天晚上我们参加了好几个宴会。真的都是年轻人的玩
　　意儿！

丹妮：都一样……他很有魅力……不是吗？

克里斯蒂安：我不否认这一点。

丹妮：你连对自己都不诚实；你根本不肯面对真相。

克里斯蒂安：喔，我认为我是诚实面对。

丹妮：他是那种会让我无法抗拒的年轻人。那么无忧无虑，
　　那么单纯……

克里斯蒂安：没有谁是单纯的人。

丹妮：所有人都是单纯的人。复杂只是我们为了自欺欺人才穿戴的伪装。

克里斯蒂安：（严肃）难道你没有这样的印象吗？我们都生活在……如果还可以称之为生活的话……一个破碎的世界里。破碎，就像一只停摆不走了的表。里面的发条已经不会动了。从外面看起来，好像一切都还是好好儿的，没有什么改变，每个零件也都还待在老地方。可是如果把表放在耳朵旁边听一听，你就会发现听不到什么声音。要知道，世界，或者这个我们叫作世界的东西，人类生活的这个世界……以前曾经有过一颗心。可是现在那颗心似乎已经停止搏动了，罗伦的生活是照表操课，爸爸买季票听音乐会，还养一个廉价的情妇，亨利打算去环游世界……

丹妮：噢！我不知道。

克里斯蒂安：安东诺夫指挥他那首交响诗的演出彩排。每个人都有自己的小天地，属于他们自己的小玩意儿，各自的偏好。人们相遇，说白一点，只是偶然碰在一起。日子就是这么样过下来。

丹妮：不然还能怎样？

克里斯蒂安：(接续她的想法)可是没有重心，没有生命，哪里
都没有。

丹妮：那你呢？你自己又在这当中的何处容身？

克里斯蒂安：我……就这么说吧！我在聆听。

丹妮：在一片荒芜虚空中聆听？

克里斯蒂安：你说得对，是在一片荒芜虚空之中。

丹妮：那其他时候呢？

克里斯蒂安：我想……我就存在着。你可以说我就是那种所
谓的"大忙人"。

丹妮：(苦涩)我受不了这种对话。这一切其实都意味着……

克里斯蒂安：别又再来一次了，丹妮。

丹妮：如果你愿意，至少可以承认……

克里斯蒂安：抱歉，我不会满足你的心愿。

（亨利走进来，手里拿着一束玫瑰花。）

亨利：嗨，克里斯蒂安。

克里斯蒂安：嗨……那些香水月季很美；你真好。

（亨利与丹妮握手。）

亨利：有什么新鲜事没有？

克里斯蒂安：要我跟你说什么？

亨利：亚龙佐先生？

克里斯蒂安：他的名字叫佩皮。

亨利：好糟的名字。他还在意图不轨阴谋造反吗？

丹妮：造反？……

亨利：阴谋造反想要突破我们的好朋友罗伦的防御工事。

克里斯蒂安：想要意图不轨，至少也得两个人合作才行。

亨利：是啊！我看参与者已经超过两个人以上，人数是绰绰
　　有余了。

丹妮：总共四个半。

亨利：我猜你把那个年轻的巴西女郎也算进去了吧……

克里斯蒂安：真是够了！拜托别再盘查清点了。实在很无
　　聊。我们别再讨论上次度假的事情了，一切都结束以后，
　　我反倒发现留下了不愉快的回忆。

亨利：你可真是不知感激！

克里斯蒂安：我现在保持一点距离以后再回想起那些宴会里
　　头拥挤的人……

丹妮：她很客气，对吧？

克里斯蒂安：对于我自己处在这群怪人当中还能相处愉快这
　　件事，我一点也不觉得有什么好骄傲。

亨利：不管怎么说，总是很好玩……

克里斯蒂安：吉尔勃特跟我有同样的感受。所以我们明年秋
天打算去坎塔附近的海边度假，找个比较安静隐秘的小
海滩，没错，要找个隐秘点的地方。

亨利：这样你还看不出来吗！

丹妮：让你们两个人在海边单独相处。

克里斯蒂安：当然还有一两个好朋友也一起。

亨利：哈！

丹妮：会是哪个好朋友？……安东诺夫吗？

亨利：为什么是安东诺夫？

克里斯蒂安：她只是随口提起罢了。

亨利：他该不会也是……意图不轨的阴谋人士吧？

丹妮：事实上，那头大熊还不至于会危害到克里斯蒂安的名

声。八卦谣传都说他的目标是设定在那些年长有钱,住
在高级地段的女士们身上。这位先生可是很实际的人,
而且,他自己的经济负担也好像很沉重,四个孩子都还在
卢梭教育研究院读书。

亨利:这是什么意思?你是在影射他把自己的孩子丢给社福
机构?

丹妮:亲爱的,你是在侮辱我……卢梭教育研究院可是新式
教育理念的殿堂呢!

亨利:那安东诺夫的太太娜妲呢? ……也欢迎她加入这个隐
秘的海滩聚会吗?

克里斯蒂安:她是个好人。

亨利:八成就像梳子一样肮脏。

丹妮:(她起身对克里斯蒂安)你怎么说,我们一块去夏邦蒂
埃那里看看福纳哥拉瓦的画展吧!你再打电话给我。明
天三点左右,我会待在伯特兰家。

克里斯蒂安:好吧!

丹妮：再见。

（她离开。）

亨利：仔细想一想……还真是一点道理也没有。马克的堕落，伯特兰的屈服，丹妮居中逢迎，你不觉得这一切实在太夸张了吗？我真想随手抓个什么东西拿来砸烂，什么都好，这些人也太容易就自我调适了吧！

克里斯蒂安：有谁是跟他们不一样的，你倒不妨说出来让我听听！这一些嚷嚷着要革命要创新的人，你觉得他们有可能真的创造出什么新东西来吗？

亨利：倒是你，克里斯蒂安，你这个人让我最感到好奇。

克里斯蒂安：为什么？都认识那么久了，你对我应该不再存有什么幻想才对。别用那种眼神看着我，我觉得你快变成斗鸡眼了。

亨利：你今天早上回到家了，你家可真是有趣，有罗伦和他煮的咖啡在等你！

克里斯蒂安：（平静）你搞错了，罗伦他喝茶。

亨利：这整栋屋子都在散发出一股无聊的味道，站在走廊上还没进门就能闻得到。

克里斯蒂安：你的鼻子未免也想得太多了。这种刺探让人不愉快。

亨利：（根本没在听）为什么？为什么？为什么？你不知道这样很荒谬吗？这根本就是个错误。没有人能明白这其中的原由始末。你天生就不是该来讨无聊公务员欢心的人，这个人的头脑狭窄僵化，简单说就是无趣。你跟他在一起总是觉得很无趣，光是看一眼你们俩一起去听音乐会或看电影的样子，我就知道你挂在脸上的笑容是假面具。

克里斯蒂安：这跟你有什么相干？为什么要讲这一大套？

亨利：你现在的处境太糟糕了，要是有人跟我说你其实是吉尔勃特的情妇，我搞不好还会为你感到松一口气。

克里斯蒂安：拜托！别说了。

（一阵沉默。）

茱莉：(敲房门)夫人,吉尔勃特·德克洛先生来访。

克里斯蒂安：(低声对亨利说)你刚刚说那番话,让他的到来
　　显得讨厌了。(对茱莉说)好,请他进来。

亨利：(抑郁地)也许吧! 但你还是开门迎接他。

　　(吉尔勃特很快进来,手里拿着一束康乃馨。他弯腰鞠躬
　　亲吻克里斯蒂安的手。他的态度较亨利有礼而没那么
　　亲密。)

克里斯蒂安：这花真美!

吉尔勃特：很高兴你喜欢。

　　(转向亨利握手。)

克里斯蒂安：你们真客气,我一回到家就过来看我。可是,说
　　真的,你们都没有自己的事要忙吗?

吉尔勃特：首先,今天是礼拜天。再说,我没工作。我的出版
　　商被迫裁员……所以我就暂时失业了。

克里斯蒂安：真遗憾！

吉尔勃特：其实不会。因为我还是可以跟他谈……

克里斯蒂安：跟谁谈？

吉尔勃特：当然是我的出版商，潘伦提先生。

克里斯蒂安：你们要谈什么？我听不懂。

吉尔勃特：嗯……谈我们俩的共同结晶。

亨利：我的老天！

克里斯蒂安：这话太离谱了。

吉尔勃特：（对亨利说）先生，谢奈太太现在正和我协力合作。

亨利：（不自然地）恭喜。

吉尔勃特：我们用信件对话的方式写小说。不过真正新鲜刺激的地方在于我用女主角的口吻写信，她负责写男主角的信。

亨利：我讨厌性别角色颠倒。

吉尔勃特：那真可惜。

克里斯蒂安：我得跟你说，我还没下火车就把那些在碧亚里
　　写的信都撕光了。

吉尔勃特：真要命！笔记你还留着吧？

克里斯蒂安：喔！不，我没留！你太不了解我了。

亨利：不管克里斯蒂安做什么，她这个人的注册商标就是随
　　性所至的即兴演出。

克里斯蒂安：（突然很严肃）请别开我玩笑。

吉尔勃特：这下你得重写了，只好这样。

克里斯蒂安：别指望我。我重读先前写的那些信时，觉得自
　　己写的笨拙得要命。而你的信……别担心……我不会想
　　到要撕掉你的作品……不过，你写的也不算精彩。

吉尔勃特：好吧！那我们就全部重新写过，这次把角色对调

过来。我写男主角的部分,你写女主角。

克里斯蒂安:谢了,但是我不写了。我不想收到你写的情书,
　　即使是写得好玩的也不想。

亨利:你们不觉得用书信对话来写小说太老套了吗? 你们的
　　做法大概过时了一百五十年吧?

吉尔勃特:走在时代尖端的前卫艺术家反倒常被人们批评
　　过时。

亨利:(向克里斯蒂安说)那我的芭蕾舞剧呢?

吉尔勃特:什么芭蕾?

亨利:你知道五月底我就要出发去环游世界了。

克里斯蒂安:我希望你走以前可以给你的舞剧拟好大纲。

亨利:你开玩笑! 大纲草稿早就拟好了。我们的台柱明星27
　　号就会到了……

吉尔勃特:台柱!

亨利：我答应女星在她抵达前一切都会安排就绪。

克里斯蒂安：你太乐观了！音乐怎么办？

亨利：配乐是勃拉姆斯的随想曲，穿插舒伯特的即兴曲。

克里斯蒂安：好一锅大杂烩。

亨利：结合起来会很棒的。

（罗伦走进来，没有人注意他。）

吉尔勃特：她真会藏秘密！我迫不及待想欣赏了！

亨利：她也没跟我提过你们的书信体小说。

吉尔勃特：这是两回事。再说她已经放弃写小说的计划了。
　　欠缺冒险精神。

克里斯蒂安：吉尔勃特，拜托！

吉尔勃特：这个芭蕾舞剧到底是在说什么？

亨利：那是我们的小秘密。

克里斯蒂安：我们到时会让你惊喜。（罗伦咳了几声）嘿？你在啊？我没看见你进来。

吉尔勃特：谁是台柱明星？是去年冬天在巴黎赌场酒店(Casino de Paris)演出的那个甜姐儿吗？

亨利：我只知道这位舞星非常前卫。

吉尔勃特：我一看到石膏像姿势就失去兴致。（克里斯蒂安爆笑）你怎么了？

克里斯蒂安：石膏像姿势……你哪里学来那么老掉牙的词汇？

吉尔勃特：舞蹈是一种愉快的运动……可以消遣也没什么坏处,可是没人能说服我这也算得上是艺术。

亨利：哼！

克里斯蒂安：可怜的吉尔勃特,你伤了我们的心。（向罗伦）你刚到家吗？

亨利：(注意到罗伦在场)喔！嗨！你好吗？

吉尔勃特：(同样反应,但有点尴尬)嗨！你好吗？(向克里斯蒂安)这出芭蕾舞剧是要演给什么人看？

罗伦：你们在弄芭蕾舞剧？

克里斯蒂安：亨利在巴黎赌场酒店有认识的朋友。不过我猜想……

吉尔勃特：糟透了！

克里斯蒂安：他们有些表演很不错的！

吉尔勃特：(满意)我倒不知道。

亨利：他是粗俗的乡巴佬。

克里斯蒂安：我得教育他才行。

吉尔勃特：我替你免了这重责大任。我个人比较欣赏马戏表演。(向罗伦)你不觉得吗？

（罗伦拿起一份报纸，假装在看报。）

罗伦：抱歉，你刚说什么？

亨利：(向克里斯蒂安)你早就知道他这么冥顽不灵吗？

克里斯蒂安：就像你不喜欢普鲁斯特(Marcel Proust)一样。

吉尔勃特：(得意)哈！他讨厌普鲁斯特？

克里斯蒂安：他拒绝阅读。他说不想浪费时间。

吉尔勃特：(蔑视)我明白了。清楚得很。

亨利：(向罗伦)你喜欢普鲁斯特吗？

克里斯蒂安：(活泼地)他从头到尾读过三遍了。

吉尔勃特：这很难得……(向克里斯蒂安)你不觉得很可怕吗？

克里斯蒂安：怎么？

吉尔勃特：我们彼此之间能沟通的领域少之又少……（指着亨利）他受不了普鲁斯特，而我觉得舞蹈很无聊。

克里斯蒂安：（忧郁地）破碎的世界！

吉尔勃特：（指着克里斯蒂安）那她呢？

亨利：她什么都爱好，她全部都能了解。

吉尔勃特：她是个特例。

亨利：而她自己也知道这点。

吉尔勃特：恐怕她确实是如此。

亨利：这是我们的错。我们大家都太常找她闲聊了。

吉尔勃特：这样对她可不是好事。（向罗伦）希望你也同意这点。

克里斯蒂安：别担心……罗伦不会乱夸奖我。

亨利：太好了，这样才能平衡一下。

吉尔勃特：女人要是在家里头被宠坏了……举例来说，就像你的朋友丹妮·菲尔斯特林。

克里斯蒂安：马克太宠她了吗？

亨利：真的，他有很多坏癖好。据我所知，他已经误入歧途了。

克里斯蒂安：你引发我的好奇心了。是什么坏癖好？

亨利：我们曾经……算了，我还是不要说的好。

克里斯蒂安：(失望)喔！

亨利：好吧！我们有一阵子共享一个情妇。你知道，学生时代的事……那时候大家都没钱……那种事情也没什么要守密的职业道德，所以我偶尔会听到一些奇怪的事。

罗伦：(声音干硬)那种事你可以不必再向我们复述一遍。

亨利：好朋友，我连想都不愿意去想。我只是想告诉你们，马克一直以来都有一些怪癖。

克里斯蒂安：我也已经猜到是这样。(被罗伦惹恼的表情)罗伦，你知道我刚刚才跟你说过。(向亨利)可是你为什么却抱怨丹妮呢？

亨利：你期待我说什么？我不喜欢公开的外遇。

罗伦：谨言慎行不是你的专长。

亨利：(反驳)很抱歉……

吉尔勃特：拜托！这一切都很无聊。

克里斯蒂安：亨利，你知道罗伦说的没错，这样真的不大厚道。

亨利：(起身)别忘记台柱 27 号就要到了，而我五月底就要出发去环球旅行，半年后才会回来。

克里斯蒂安：我知道……我知道。

吉尔勃特：(也起身)考虑一下我的提议……如果你负责写法蓝西的信……那么，我想应该还需要第三个通信的人。而且，我还有另一个主意，我们下次几时再见？

（电话铃响。）

克里斯蒂安：（拿起话筒以后）哈啰！喔,多洛雷斯,是你啊！
（罗伦突然做出一个"现在又有什么事了?"的表情动作。）
我很好,谢谢你。下个星期三。我看看,我现在真的不知
道。（向三个男人）你们有看见我的行事历记事本吗?

罗伦：我得提醒你别忘了路易叔叔和爱莉丝婶婶的银婚纪
念日。

克里斯蒂安：什么? 对不起,是我先生在跟我说话。

罗伦：银婚纪念……

克里斯蒂安：他在提醒我下周三有个家庭聚会必须要出
席……我在想……抱歉! 你刚刚说到时怎么样? ……我
们一定会到……是,是。我会想办法安排。你知道这个
家庭聚会对我来说……有必要的话,我老公可以自己去,
反正是他那一边的亲戚。多洛雷斯,你真亲切……我当
然会介绍他给你认识。你一定要到家里来。我们再约个
时间。谢谢你。下周三。

（她挂断电话。）

吉尔勃特：多洛雷斯又缠着你了，这真是够了！

克里斯蒂安：等一等！她想约我去跟华理克见面……你也知道他们在亨利马丹街（Avenue Henri Martin）上有一部小型戏剧演出。他们编排出一出可爱的新版幻想曲。我自己一直梦想要担纲演出轻喜剧。

亨利：现在又要演喜剧了！

吉尔勃特：你真是疯了！

克里斯蒂安：亨利，你晓得我说不定可以说服华理克来制作你这场秀。

吉尔勃特：（向罗伦）给你忠告不该是我的任务，不过如果我是你的话，我会坚持要克里斯蒂安取消这个约会。多洛雷斯那个人真的很不像话，相信我，好朋友，她非常不像话。老实说，她是女同性恋。

亨利：也许她只是喜欢过那种生活。

吉尔勃特：这个人，只关心自己的秀可以顺利制作！

茱莉：(敲门以后)太太，有位女士想跟你说话。听口音像是外国人，我听不懂她说什么。很怪的腔调……太太是在找新的清洁女佣吗？

克里斯蒂安与亨利：(一起开口)是娜妲！

克里斯蒂安：是安东诺夫的夫人吗？

茱莉：听起来有一点像……

克里斯蒂安：带她进起居室，请她等我几分钟，好吗？

茱莉：好的，夫人。

(她出去了。)

吉尔勃特：(当茱莉退场时向克里斯蒂安说)帮我一个忙，别去多洛雷斯家赴约。

亨利：你或许不该赴多洛雷斯的约，可是万一你真的能见到华理克……

克里斯蒂安：好，好，我了解你们的意思了。下次再见了。

（他们离开。）

（沉默。）

克里斯蒂安：有点累吧？

罗伦：跟平常差不多。那个聚会你去不去都随你高兴。你知道如果你不去参加路易叔叔和爱莉丝婶婶的银婚纪念，他们会很失望。可是既然你根本不在意……

克里斯蒂安：我那天可能会生病……再说，我还没有决定去不去。如果我去赴多洛雷斯的约会让你不高兴……你只要跟我讲一声，我可以捎个信跟她说……

罗伦：你知道我对你从来没有什么要求。

克里斯蒂安：那就是你的不对，罗伦。

罗伦：如果我曾经试过……

克里斯蒂安：到底是真的任我自由，还是别的什么没那么光彩的动机，让你不愿意要求我任何事？

罗伦：我不懂你的意思。

克里斯蒂安：比如说，你的自尊心。

罗伦：我不愿意你为我屈就。

克里斯蒂安：这种感受算不上什么高贵情操。

罗伦：要是你高兴的话，一个礼拜要去那个女同性恋者的家赴两三次晚餐约会也是你的事，你有充分的自由可以自己决定。

克里斯蒂安：等一下，没有人可以确定她是不是同性恋。

罗伦：我拦都不会拦你一下。让你那些密友去拦你吧！

克里斯蒂安：尽管这样，要是我放弃自己的原则……

罗伦：你是成年人，应该可以判断自己的行为会导致哪些后果……

克里斯蒂安：(以深沉的情绪)你在伤害我。

罗伦：喔！我不这样认为。

克里斯蒂安：难道我是在演戏？

罗伦：不，只不过你跟你那些朋友……你们的话……你们早就已经放弃伦理道德的基本标准了。

克里斯蒂安：伦理道德的基本标准是什么？

罗伦：没有必要去定义，我们都知道标准在哪里。喔！不在你的朋友圈里。

克里斯蒂安：我的朋友圈是什么意思？

罗伦：你那一群朋友。

克里斯蒂安：那你的朋友圈又怎么说？

罗伦：我没朋友。

克里斯蒂安：什么意思？那你的同事呢？（罗伦笑）你为什么笑？

罗伦：我一个朋友也没有，这正好是我的优势。

克里斯蒂安：我不懂。

罗伦：你现在应该去看看外面是谁来拜访你。

克里斯蒂安：让她等……我跟你保证，有时候你对待我的方式真的不对。没有比你任凭我完全自由决定的做法更糟的了。你最好直接告诉我到底你想要什么。你看不出来吗？这样对我才是最好的帮助。

罗伦：我看不出你需要什么帮助。你一向随心所欲过生活，不是吗？

克里斯蒂安：你确定吗？

罗伦：你要是对生活有什么不满意，你只要改变就好。

克里斯蒂安：假如我需要你的意愿来帮助我改变呢？

罗伦：当然。那样你就可以跟朋友抱怨说我是个专制的暴君。

克里斯蒂安：(防卫)这是我行事为人的风格吗？

罗伦：我不知道。我从不偷听别人说话。

克里斯蒂安：你以为我们在背后说你什么？

罗伦：不，我从没期待自己可以提供你们什么有趣的话题。

克里斯蒂安：你真的很奇怪！难道是……喔！你不信任我……你知道，你承认这是事实。

罗伦：你的话一点意义也没有。

克里斯蒂安：你不让我接近你。你抽身……你躲藏……

罗伦：我躲什么？

克里斯蒂安：躲我……逃避我的温柔……

罗伦：(声调有异)克里斯蒂安，我拜托你。

克里斯蒂安：当我看到刚刚大家在的时候，你看起来的那模样，我……几乎绝望。

罗伦：你在幻想。我刚刚是在看报纸……现在我想起居室那
　　　个可怜的女人已经等太久了，这样太失礼。

克里斯蒂安：你根本不知道我愿意为你牺牲些什么……如果
　　　我任何一个朋友到家里来会让你感到困扰……

罗伦：我可以肯定地告诉你一件事，要是哪一天我发现你为
　　　我作了什么"牺牲"，或许我们之间就会发生什么无可挽
　　　回的事情。

克里斯蒂安：然后呢？有什么解决之道？

罗伦：如果没有问题，又何须解决之道？

　　　（他摇铃。）

茱莉：（进入）夫人摇铃叫我……

罗伦：请把那位女士领进来。我会离开让你们谈话。

克里斯蒂安：（怯怯地）你还没有拥抱我。

　　　（他冷静地如尽义务一般亲吻她，离场。）

（娜妲进来。）

克里斯蒂安：（走向娜妲）你好,亲爱的安太太。

娜妲： 你好,谢奈太太。希望我的来访没有打搅你。

克里斯蒂安： 请原谅我让你久等。我今早才刚回到家,你也知道情况:一堆人要见,一堆事得办。

娜妲： 我了解,我真的明白。维斯佛罗德·依凡诺维奇①恐怕他没有听明白你电话里的意思,他很讨厌电话。他想还是我来拜访你当面谈比较好。

克里斯蒂安：（有点冷冰冰地）还是为了小公寓的事吗?

娜妲： 我不得不说他最近实在很焦虑。他住在旅馆里头一向就不舒服,睡不好,整晚在那里踱步。别人也会抱怨。实在不能再这样下去。

克里斯蒂安： 可是我已经答应会尽快回复他了。

_____

① 指安东诺夫。——编者按

娜妲:（尴尬地）他收到一封布鲁塞尔寄来的电报。他们有栋房子可以供他住,可是希望他马上回复愿不愿意过去。

克里斯蒂安:我想接受这个邀请会是比较明智的决定。

娜妲:（失望地）维斯佛罗德·依凡诺维奇不喜欢布鲁塞尔。他觉得比利时人很钝,他一点也不了解他们。他们的食物对他来说也不好消化。而且还有翡丽厅的彩排。指挥完全弄迷糊了。

克里斯蒂安:怎么会呢?

娜妲:太混乱了,如果维斯佛罗德·依凡诺维奇能自己指挥当然是最好,可是假如我们得搬到布鲁塞尔去住……

克里斯蒂安:我们再看看吧! 不过,现在先让我帮你要一杯茶。

娜妲:（恐惧)我现在不能喝茶。维斯佛罗德·依凡诺维奇在旅馆等我回话,我还得回去帮他准备下午茶,他根本不会照顾他自己。

克里斯蒂安:但你还是可以先跟我喝杯茶再走。

娜妲：我怕他会失去耐性。

克里斯蒂安：打个电话给他。

娜妲：(渐渐陷入自己的思考世界)可是说不定他现在不在旅馆里头。

克里斯蒂安：所以呢?

娜妲：真的,跟一个艺术家一起生活不是一件容易的事。如果我现在就能给他一个答案会比较好。

克里斯蒂安：你知道这要等我先生作决定。你想要现在就跟他谈谈吗?

娜妲：可是如果你要求他的话,他不会拒绝的。没有人会拒绝你的请求。

克里斯蒂安：可是我都还不确定那个小公寓合不合你们使用呢! 你们连看都没看过。

娜妲：呃,维斯佛罗德·依凡诺维奇……他说你要他去看过了。他觉得已经够好了。我只是被差来问问看邻居会不会很吵。

克里斯蒂安：有一位老先生和他太太住在隔壁，他们很安静。

娜姐：（担心地）可是也许他们会听广播。

克里斯蒂安：是，他们确实收听广播。

娜姐：（热切地）维斯佛罗德·依凡诺维奇很怕收音机，倒不是怕噪音，而是电波会让他不舒服，这样他就没办法工作。

克里斯蒂安：可是我们不能……

娜姐：门房说老夫妻会在乡下待上几个月……所以情况应该不会太糟。

克里斯蒂安：看来你都清楚。

娜姐：可是他说老太太病得很重，可能会死。

克里斯蒂安：我想她已经病了有十年之久了。

娜妲：可是她可不能死在这栋房子里，因为维斯佛罗德·依凡诺维奇受不了死亡。有一回，我们住在柏林的时候，隔壁有人自杀，结果维斯佛罗德·依凡诺维奇整整一个月都没法工作。

克里斯蒂安：一切都很复杂。

茱莉：（进场）夫人，安东诺夫先生想要见您。

克里斯蒂安：带他进来，再给我们泡茶。

（安东诺夫进场。）

安东诺夫：你好，谢奈夫人。（他亲吻克里斯蒂安的手，转向娜妲）我真不明白你到底是怎么了。（向克里斯蒂安）很抱歉，夫人，可是我现在就得决定。我的朋友杜千科从日内瓦寄了封电报给我。

（茱莉把茶送上。）

克里斯蒂安：我以为是布鲁塞尔。

（开始倒茶。）

安东诺夫：（生气）日内瓦。我太太还是跟平常一样，什么事都搞不清楚。她一点也不精明。

克里斯蒂安：你自己说是布鲁塞尔的，我很确定。

安东诺夫：我从没那样说过。

克里斯蒂安：不管怎样，这都不重要。

安东诺夫：我得决定。如果你不能让我住进小公寓，我就得搬走。谢奈先生怎么说呢？

克里斯蒂安：我先生跟我还没有时间讨论这件事。他等下会跟我们一起喝茶。

安东诺夫：谢奈夫人，请坦白告诉我……如果谢奈先生不想让我住在小公寓里，那等会儿我就不方便待在这里喝茶了。

娜妲：谢奈先生也喜欢音乐吗？

克里斯蒂安：他对现代音乐所知不多。他对音乐的涉猎只到瓦格纳为止。

安东诺夫：（担忧）他会弹奏瓦格纳的音乐吗?

娜妲：（耳语）维斯佛罗德·依凡诺维奇受不了瓦格纳。

克里斯蒂安：我先生不会演奏任何乐器。

安东诺夫：（指着钢琴）那你自己或许会弹……

克里斯蒂安：不必担心,我很少弹琴……而且,你住在楼上也听不见。

安东诺夫：那么你是答应了。

克里斯蒂安：我再说一次……

安东诺夫：你刚刚说我住楼上不会听到你弹琴的声音,就是说我可以住进去了。

娜妲：以后这间房子的装潢得加上饰板才行。

克里斯蒂安：饰板对我一点意义也没有。

娜妲：你应该注意这点,因为维斯佛罗德的传记人……

安东诺夫：娜姐，应该说帮我写传记的"作家"才对。

娜姐：他们会在他的传记里提到你，你的画像说不定会出现在好几本书里头，这多好。我们得通知渥拉迪，他是个了不起的评论家，现在正在帮维斯佛罗德·依凡诺维奇写传记，里面用了一大堆，那个要怎么说？

安东诺夫：照片。

娜姐：（以冗长朗诵的语调）维斯佛罗德·依凡诺维奇两岁的时候，维斯佛罗德·依凡诺维奇的娜姐……以上那些都是虚构的，不过真的有很多可爱的照片。一本挺好看的书，你很快就能看到，会在美国出版。

安东诺夫：渥拉迪只会说些蠢话。

娜姐：可是印刷得很精美。（同时，茉莉上完了茶）现在的时代打广告是很重要的。

克里斯蒂安：很不幸。

安东诺夫：别说很不幸。艺术跟广告其实就是同一回事。

克里斯蒂安：我去找我先生。

（克里斯蒂安出去。）

安东诺夫：我明明跟你说是日内瓦。

娜妲：我记得是布鲁塞尔。

安东诺夫：不可能。我希望你没说出来我已经看过那间公寓了。

娜妲：我当然跟她说了。

安东诺夫：你这蠢蛋……

克里斯蒂安：（跟罗伦一起进来）我想你已经认识安东诺夫先生和他的夫人了。（他们彼此打招呼）

安东诺夫：我刚刚还在说艺术跟广告其实是同一回事。广告失控就成了艺术。我有个家乡同胞说，广告吞吃了它自己的目标。

娜妲：（悄声向克里斯蒂安道）我想他说的那个家乡同胞其实

就是他自己。（她大笑。）

安东诺夫：娜妲，别说一些蠢话。这话是玻里士·米可哈洛维奇说的。

娜妲：我不认识这位玻里士·米可哈洛维奇是谁，不过我知道他没说过这话。

安东诺夫：别这样！晚上回家我会让你看他的照片。

娜妲：随便你怎么说，反正我们是不会相信你的。

克里斯蒂安：（假作正经的样子）不过，就算是玻里士·米可哈洛维奇说的又何妨？我正打算要喜欢这位玻里士·米可哈洛维奇先生。

安东诺夫：为什么呢？谢奈夫人？

克里斯蒂安：我相信这位先生如果受到请求，一定不会拒绝伸出援手。

安东诺夫：（大笑）你说得对，他从不拒绝……那我们几时可以搬家？

罗伦：(微笑)所以你们之后准备要……

娜姐：(行礼)我们的意思是如果您同意的话。

罗伦：万一我说不行,你们打算……

安东诺夫：那我们就会离开。

克里斯蒂安：那你们就只好搬去伦敦了,假如我没记错的话。

安东诺夫：我刚是说伦敦吗? 还是日内瓦或是布鲁塞尔?
　　(他们大笑。)

克里斯蒂安：(擦擦眼角)我好几个月没这样大笑过了。巴黎
　　的人们不像俄罗斯人那么快活,我是说在布尔什维克之
　　前的俄罗斯。

安东诺夫：你根本不晓得布尔什维克党是怎么一回事。你不
　　在革命现场。

克里斯蒂安：去年夏天你不是回莫斯科举行演奏会?

娜姐：他什么也没看到,甚至不去拜访我可怜的妈妈,她住在

彼尔姆(Perm)。

安东诺夫：整整坐了三天的火车……等到你终于下了火车。喔！真是痒死你了！（他用手抓头）

娜姐：他说他听人家说我妈已经死了……可是她明明给我写了信。

安东诺夫：我跟你说过那封信不是你妈写的。

娜姐：当然是我妈写的，我认得她的字。

安东诺夫：她要我们给她寄糖、巧克力和别的……我说我们应该什么也别寄。

娜姐：不管怎样我还是寄了个包裹去，就算寄丢了又怎样？总是有人会吃掉。不过可能是个布尔什维克党吃去了，这倒是真的。

安东诺夫：我可不想喂饱那些布尔什维克党。

娜姐：你为什么不？你自己就是个布尔什维克党。他有时会说我们现在应该回俄国去。可是我才不要回去，我三个兄弟都被枪毙了,还有五个侄子也是。

安东诺夫:我们还不能肯定。

娜姐:我做了个预知梦。请你别笑,谢奈夫人。

克里斯蒂安:我没笑。

娜姐:一个人要是做了预知梦……(这时安东诺夫已经打开
    琴盖,弹了起来)

克里斯蒂安:琴已经很久没调音了……

安东诺夫:严重走音了……不过是架好琴。也许我以后可以
    来这里工作,如果你们同意的话。

克里斯蒂安:我以为你自己有架大钢琴。

安东诺夫:(轻拍他的前额)我的大钢琴就在这儿,总有一天
    我会有架琴。目前我暂时得租琴来作曲。不过我写协奏
    曲就得来这里写才行。真是太感激你了……你们两位都
    是。我们还没谈到租金多少,不过请别担心,我想这部分
    的问题我们一定也能协调得很好。我想你们把房子租给

我们是一定不会后悔的……

娜姐：我已经跟谢奈夫人讲好了,之后她要帮我们装上饰板。
（*她跟着安东诺夫一起退场。克里斯蒂安送他们出门后回头*）

罗伦：那个丑角逗乐我。我们就该被像他那样的小丑统治才对。

克里斯蒂安：你知道,我一点也不认为他是个傻瓜。他太太或许是蠢,但他可不。

罗伦：喔!

克里斯蒂安：不管怎样,他很聪明。

罗伦：你怎么知道?

克里斯蒂安：很明显。听他刚刚怎么讲艺术和广告。

罗伦：无聊废话。

克里斯蒂安：我不这么认为。

罗伦：那你说说看。

克里斯蒂安：他刚刚那番话颇有创意。

罗伦：你叫这创意！你把夸大其辞跟聪明才智搞混了。而且他整个人都庸俗得很；这可不像是有智慧的人会有的特色。

克里斯蒂安：你觉得庸俗，我倒看作是直率。

罗伦：我看是被宠坏的小孩，自我中心。

克里斯蒂安：对你来说智慧就是用苛刻的评论包住自己。

罗伦：什么意思？

克里斯蒂安：我是指束缚。我觉得智慧应该要使人解脱得自由才对。

罗伦：从什么束缚解脱？

克里斯蒂安：首先是我们自己加上的束缚。安东诺夫就不会被自己的言行困扰。

罗伦：不，他只会造成别人的困扰而已。

克里斯蒂安：这表示他的性格比别人强，他有自己鲜明的性格。这就是我之所以会喜欢他的音乐的缘故。

罗伦：他的音乐就跟他本人一样，侵略别人。

克里斯蒂安：他并没打算要魅惑人。

罗伦：他攻击我们。

克里斯蒂安：很可能……（一阵沉默）你为什么笑？

罗伦：我也不知道，吾爱。

克里斯蒂安：哇！自从我回家到现在，你可是头一次这么温柔地跟我说话。

第 二 幕

相同的布景,时间是大约十到十二天后的晚上十点。

(安东诺夫、茱莉站在门口。)

安东诺夫:(穿着红色睡袍)你不知道太太什么时候回家?

茱莉:太太外出晚餐;可是晚餐后她通常还会去戏院。

安东诺夫:(呻吟)去看戏!她没事为什么要跑戏院?

茱莉:我不知道你该不该等下去。

安东诺夫:我可以弹一下钢琴等她,可是难道我们不能打电话到她吃饭的地方去吗?

茱莉:我不知道电话号码。谢奈先生是去参加家庭聚餐。

安东诺夫：打给谢奈先生。

茱莉：（得意）谢奈先生的叔叔家没有安装电话。

安东诺夫：这真是糟糕透了……楼上，我快被逼疯了，你没告诉我那对老夫妻居然在家跳舞。

茱莉：那是他们的孙子，一个月才来拜访一次。

安东诺夫：他们到底有几个孙子？……我以为巴黎人早就都不生小孩了……每个月来一次！……我连恢复过来的时间都不够……你跟他们说有人病得很重。一个老太太……你就跟他们说是个老妇人。况且，安太太确实身体不舒服，她老是不舒服。

茱莉：你可以自己去跟他们说。

安东诺夫：不行，这样太失礼。如果他们不理会，那我该怎么办？真是太糟了。你可以离开了，走的时候顺便帮我关灯。

茱莉：（怯怯地）可是太太没有交代我。

（安东诺夫自己开门，把灯熄了，女佣出去。安东诺夫走到钢琴前，点一根烟，开始弹一些激烈的音乐，类似斯特拉文斯基的奏鸣曲。一会儿之后，外面的杂音传进来。）

安东诺夫：外面吵什么？这间屋子真是不像话。

（他起身走到门口。）

（茱莉进来。）

茱莉：（对还没上台的亨利说话）谢奈先生还在他叔叔家，我很确定。可是我不知道太太在哪里。

亨利：（出现）没关系，我知道。

茱莉：那位俄国绅士也在这。先生，你们是要办一个惊喜派对吗？

亨利：不，没有，没这回事；惊喜派对太老套了。请拿电话簿给我，好吗？我要打电话。（向安东诺夫）晚安，先生；抱歉打搅了，事情实在太荒唐。

安东诺夫：（欢喜地）这位先生要打电话给太太了。（亨利查了电话簿，拨了电话）先生，我好像在毛家跟您见过面。

亨利：没错……抱歉……喂！请问是多洛雷斯·德·索尔韦多吗？我能跟谢奈太太讲一下电话吗？谢谢。我可以等……是的，先生，我们上回就是在那个荒唐的女人家里见过面。

安东诺夫：你为什么说她荒唐？请让我讲一下电话。

亨利：请稍等一下。

安东诺夫：（向茉莉）你看，这样不是很简单吗？

亨利：喂？克里斯蒂安吗？是我，亨利。我在你家。你那里好玩吗？你看，我不是跟你说过了吗？华理克有去吗？当然没去。听着，发生了一些麻烦事。不，不是什么意外。跟克劳无关。也不是你爸爸。不过事情还是很伤脑筋。我刚见过丹妮。她很生气，我想她再过一会儿就会冲到你家来了。

茉莉：菲尔斯特林太太也要过来吗？

亨利：有人在跟我说话。什么？你为什么还在那里？你刚说什么？

茱莉：如果菲尔斯特林太太也要过来，我该准备一些蛋糕点心跟红甜酒（port）吗？

亨利：别乱来。你要是这样做就大错特错了。（对电话里说）茱莉问我是不是要准备些晚点。我说了，绝对不要。

安东诺夫：我有话想跟她说。

亨利：不管怎样，我有些忠告要跟你说。快假装偏头痛，离开那里。没错，这就是你最该做的事。我说的对吧？当然。下一回，亲爱的克里斯蒂安，你要听我的劝……待会见。（亨利挂上电话，安东诺夫奔向电话这边）

安东诺夫：先生，别挂断。

亨利：她很快就会到家，你再过几分钟就能跟她当面诉苦了。我看得出来你有事情要抱怨。现在，亲爱的茱莉，回房去睡吧！我们不会再叫你了。

茱莉：先生，你确定吗？

亨利：她坚持！我跟你保证等下不会有什么惊喜派对。如果你真的那么想知道，我可以跟你说，等一下这里只会有刽子手来叫骂行刑。

茱莉：要是谢奈太太觉得不舒服的话，有时候会……

亨利：不必担心。那都过去了；不会再来一次了。

茱莉：好吧！先生。（她带着不大相信的神情离场）

亨利：我记得刚刚我打断你的时候，大师正在表演第一流的钢琴演奏。先生，请继续。（指着钢琴）

安东诺夫：（恼怒）我一点也不明白，先生。

亨利：是啊！音乐听起来就像是断头台跟死刑犯的一场对话。

安东诺夫：这里的气氛太糟糕了，先生；哪有人能在这种情况下作曲。

亨利：喔！我就可以啊！（他走向钢琴）

安东诺夫：（以他独特的步伐踱步）先生，我拜托你。既然我
们先前在毛太太家曾经碰过面，我能问你一个问题吗？
我猜先生你是一个银行家？

亨利：绝对不是。我父亲自己做银行家就够了，不需要我这
个儿子也来继承。

安东诺夫：你知道她有偿还贷款的能力吗？

亨利：这话什么意思？

安东诺夫：她委托我为一个人制作了一出芭蕾舞剧……他们
说是我家乡的一个同胞沙维亚兹辛。我对这个人一点兴
趣也没有。可是我关心的是我的芭蕾舞剧和毛太太答应
给我的四十万法郎。这就是我要问你的缘故，她付得
起吗？

亨利：嗯，我可以告诉你，她刚刚在财务上损失了一笔不小
的钱。

安东诺夫：（痛苦地）到底是谁给这些女人出的主意？

亨利：抱歉，帮不上忙。

安东诺夫：那我的钱怎么办？我现在该怎么做？

亨利：完成你的芭蕾舞剧。

安东诺夫：又不是你的人生，说得倒轻松。我收了她预付的十万法郎，我也写好了四分之一。都是很好的作品。可是如果我再继续做下去就要亏钱了。

亨利：无论如何，我们刚说的那个女人还是拥有这已完成的四分之一作品的权利。

安东诺夫：你知道还有谁会愿意付钱买剩下的作品吗？

亨利：找个合伙人吗？这倒是个主意。

安东诺夫：谢奈先生这个人怎么样？

亨利：你也认识他……

安东诺夫：不，我只认得谢奈太太。谢奈先生就算让我在街上遇到，我也认不出来。

亨利：别指望他。相信我，他不会赞助艺术活动。

安东诺夫：他是做什么的？

亨利：内阁阁员。

安东诺夫：我们俄罗斯也有内阁。

亨利：我想应该不是同一回事。

安东诺夫：谢奈太太人很好，谁都看得出来；可是谢奈先生人怎样，我实在不知道。

亨利：也许不错。他是个绅士，但不算好说话。

安东诺夫：（轻蔑）那倒不错，精明，却也堕落。

亨利：嗯，我跟你保证，不管怎样，他一个子儿也不会给你。

安东诺夫：可是，谢奈太太呢？ 如果她去拜托？

亨利：我想谢奈太太是不会去求她先生的。

安东诺夫：（恶意地）也许她会去求情……换作别人有需要的话？

亨利：那也是不可能的事。她为人是不错，但不是你想的
　　　那样。

安东诺夫：她对谁仁慈？

亨利：嗯……对大多数人似乎都不错，但其实谁都没放在
　　　心上。

安东诺夫：怎么可能会这样？等我跟她熟一点，我倒要问她。

亨利：我劝你最好不要。

安东诺夫：我非问不可。

亨利：为什么一定要问？

安东诺夫：我得了解。喔！别胡思乱想……我在德国跟一位
　　　将军夫人已经惹出不少麻烦了——范威伯将军夫人——
　　　我可不想再惹上同样的麻烦。何况，谢奈夫人太爱幻想
　　　了。一起喝下午茶可能很有趣，可在床上我还是比较喜
　　　欢安静些……

亨利：缺乏想象力。

安东诺夫：娜妲以前就很安静；不过现在就不一样了。她就像一双旧鞋……虽然，有时候我还是会找她。否则的话，她只会让我心烦……这样我根本没法工作……

亨利：不，你也只好想点别的了。

安东诺夫：毛太太的财务损失让我很失望……我本来想也许我该娶她。

亨利：那你太太娜妲呢？

安东诺夫：我要是跟她离婚，她就会把她的孩子都找回来。我想那样她就会开心了。她不管怎样老是又哭又笑的。所以……毛太太多大年纪呢？

亨利：他是我妈的朋友，比我妈还大上几岁。

安东诺夫：那也不妨碍，我可以叫她妈妈，就像你们的卢梭讲的那样，那她就会开心了。可是如果她破产了……那这笔交易就没了。

亨利：她在马丁角（Cap Martin）的里维耶拉（Riviera）还有一栋别墅，一座种满日本金松（umbrella pine）的森林，和一个玫瑰园。

安东诺夫：多欢乐呀……我现在开始有演奏音乐的心情了；如果您想听，我就为您弹琴。

亨利：我听到有人回来了。（他开门）是克里斯蒂安。

（克里斯蒂安进门。）

克里斯蒂安：亨利，谁跟你在一块儿?

安东诺夫：（前去见她）夫人，失礼了，但您怎么没告诉我住在楼上的人会跳舞呢? 还跳那种舞! 那种唱片……我快被搞疯了。

克里斯蒂安：（很冷淡）那真遗憾……

安东诺夫：也许你可以跟他们说说看……你就说有个女士生了重病或是其他之类的……

克里斯蒂安：可惜这是没办法的事。

安东诺夫：（明白他的目标已经没希望）或许我们明天早上再

谈谈这事。

克里斯蒂安：好啊！今天晚上先不谈这事了。我累得要命，要请你原谅了。（她瘫在一张大扶手椅里面，连大衣都没脱下。）

安东诺夫：那么晚安了，夫人；我最好明天再过来……或者，娜妲会再跟您解释清楚。

克里斯蒂安：随你的便。晚安。

（安东诺夫困惑又生气地离开了。）

亨利：克里斯蒂安，亲爱的，把大衣脱下吧！

克里斯蒂安：我冷死了。所以，到底怎么啦？

亨利：你先告诉我，晚餐吃得怎么样了。

克里斯蒂安：华理克没来，根本一个客人也没有。只有多洛雷斯和我两个人，还有一个全身戴满珠宝首饰的老太太，一个活像填充玩具猴子的阿姨之类的人，她老是没理由地就高声尖笑。你不许笑，晚餐糟透了，吃的都是医生严禁的食物。我几乎什么都没碰，可还是胃酸逆流。

亨利：真惨……

克里斯蒂安：吃过晚饭，那个老阿姨就回房去睡了……然后
是交心时间……秘密、告白、喟叹低诉——然后质询我的
婚姻状况。你们怎么会这样？怎么有人这样？我难道是
怪物吗？等等，等等……没完没了。

亨利：可是我以为她结过婚。

克里斯蒂安：没有性生活的婚姻关系。连亲密一点的行为也
没有。他显然是性冷感……喔！我们别提这些了吧……
然后又来一个悲叹的哥萨克人。

亨利：你是说安东诺夫？

克里斯蒂安：真该死！……自从他搬进我们这栋公寓，简直
让人无法忍受，就跟他的音乐一样。前几天晚上他跑来
用力敲那架琴，足足敲了两小时。我那时听得情绪激
昂……也许我该搬去瑞士跟我儿子住。

亨利：你不能让自己那么亢奋激动；对你的心脏不好。

克里斯蒂安：现在几点了？罗伦怎么还没回家？好热。（她脱掉大衣）帮我拿到前厅去挂，好吗？（亨利接过大衣；克里斯蒂安起身看着镜中的自己）我今晚看来果然糟透了。（对回到厅里的亨利说）丹妮又是怎么回事？发生什么事了吗？

亨利：礼拜六我去他们家听些新唱片……索冷团体很棒的录音，你一定要听听看……我感觉到她对你感到很苦恼，心烦意乱。有些不太愉快的谈话。不过，就是刚才，我偶然遇到她，她说她厌恶你到了一个极点，而且她打算今晚就跟你把一切都摊开来讲清楚。她好像知道你在多洛雷斯家吃晚饭，而且讲了些难听话，不过我当场不客气地反驳了她。

克里斯蒂安：她为什么那么急？

亨利：她好像明天一早就要乘车去什么地方。我也记不得她到底说了什么。

克里斯蒂安：我想我有点明白了。伯特兰又问了我一次给我画人像素描的事。他前阵子提过，后来就不了了之。不过上星期他非常坚持要帮我画像。

亨利：你答应了。

克里斯蒂安：你知道他最近改了很多。

亨利：不是这个问题。

克里斯蒂安：我为什么要拒绝呢？

亨利：拜托，克里斯蒂安……

克里斯蒂安：他好像真的很想画画，再说我也没有什么好看
　　的画像……只有……是了，一定是这样，丹妮跟伯特兰的
　　关系最近变得很复杂。

亨利：怎么回事？

克里斯蒂安：不知道我猜得对不对，我刚刚突然想到事情会
　　演变成这样，好像是从马克跟那个女演员在一起才开
　　始的。

亨利：这就对啦！如果马克开始跟什么人认真交往起来，伯
　　特兰就会想跟丹妮分手了。他怕马克会要求跟丹妮离
　　婚，那丹妮就会想叫伯特兰娶她了。伯特兰可不是这么

打算的。这家伙从没打算要跟丹妮结婚，所以伯特兰就越来越少跟丹妮见面了；他开始忙着投入其他活动，所以他才会想要画你的人像素描。

克里斯蒂安：真是乱七八糟！

亨利：这就是人生啊。

克里斯蒂安：（忧伤地）是啊！我们的人生到头来也就是这样了。

亨利：可是我得说，你实在不应该答应伯特兰的要求。你老是在玩火！

克里斯蒂安：伯特兰对我根本没有那种意思。

亨利：你自己知道不是这么回事。

克里斯蒂安：亨利！

亨利：况且，如果他不是爱上了你，你也不会答应让他画像……你总是喜欢惹火上身，虽然不是什么很坏的坏事，可是情况已经够麻烦的时候，你应该要闪避。

克里斯蒂安：太可怕了！

亨利：丹妮生你的气已经有好一阵子了。虽然她被人批评的
　　时候，你总是站在她那边，可是你一点也不在乎她会受
　　伤，只是一直告诉自己你没做什么不好的事，因为伯特兰
　　没有爱上你，帮助一个年轻人发展天赋是好事。

克里斯蒂安：原来这就是你对我的看法！

亨利：克里斯蒂安，你还不明白吗？这些都是你选择了这种
　　生活形态的必然后果！

克里斯蒂安：我选择的！

亨利：事情会发生主要还是你的责任。

克里斯蒂安：我的责任？你以为是我选择了这种生活，我根
　　本就厌恶透了，令我作呕。

亨利：听着。现在你是累了，厌了，疲乏了；但是有时候你确
　　实乐在其中，那时你很满意自己的人生。

克里斯蒂安：那些时候……我憎恶那些时刻。

亨利：算了，承认罢。你大可以去过完全另样的一种生活。
　　　你戴着一种面具……一张大众情人的面具……在过
　　　日子。

克里斯蒂安：听起来简直就像电影台词！

亨利：我能感受得到。我敢肯定。我看得出来。（一阵沉默）
　　　再说，有时候，生活不能满足的渴求升起的时候，你感觉
　　　到一种懊悔的痛苦，事实上比较像是一阵痉挛。

克里斯蒂安：你太夸张了。

亨利：所以，就像我说的，你喜欢爱慕你的年轻人围绕着你，
　　　你不能缺少那种氛围。然而，因为你毕竟不是爱打情骂
　　　俏的人，对于自己的乐在其中，你还是会觉得不自在……

克里斯蒂安：你认为我乐在其中！……

亨利：你无法真正回报那些感情，因为你毕竟还是忠于婚姻
　　　的。这就是为什么你的情绪会摇摆不定的原因，也是为
　　　什么你有丰富的幻想，态度矛盾、前后不一。你不由自主
　　　地在打情骂俏。我能说的我也已经说了无数次；你只有
　　　一条路可行。

克里斯蒂安：（深刻地）我永远都不会离开罗伦！

亨利：谁在跟你谈罗伦了？我没有要你离婚。法律形式根本没有意义。依我看，你只有找到一个爱人才有可能成为一个真正的女人。

克里斯蒂安：喔，让我告诉你，亲爱的亨利，你什么也不懂。在我的人生里面只有一个问题，上帝为鉴……我的人生只有一出戏。那就是罗伦。至于其余不过是……

亨利：所谓其余正是引起我兴趣的部分。

克里斯蒂安：其余就是我自己个人的事了，只牵涉我个人，也许上帝也牵涉在内，如果真的有上帝的话，而我也不确定到底上帝存不存在。我或许就跟你们其他人一样，什么也不相信，什么事都能拿来当笑话讲——只除了那些震慑你的苦难和死亡。我说这些不是特别针对你。我只是说在我里面有一个我自己都不认识的我，她不属于你们这一群人。有一部分的我一直在寻找，企图要找到她自己，她偶尔在极难得的时刻里会遇见自己，在另外一个世界里，一个你不曾熟悉的世界。

亨利：但是克里斯蒂安，你真的觉得我就这么狭猎，这么迟钝……为什么前几天在听索冷团体的音乐时……

克里斯蒂安：（激烈地）最近每个人都要提起这回事！

亨利：（惊讶地）啊哈！所以丹妮说的没错，只要一提起索冷团体，你就会……

克里斯蒂安：太荒谬了！

亨利：我刚好带了一张索冷团体的唱片要给你听……可惜，我就留在这里给你，随便你处置……有没有可能，我突然有种感觉……我记得当年我去西米耶（Cimiez）看你的时候，你病得很厉害……

克里斯蒂安：（没有回答）我真不懂，像你这样了解我的人，怎么能审判我，给我下这么严苛的评语。

亨利：我，审判你？我这个人是……

克里斯蒂安：不，别争执。请你记得我们已经都同意不提了。

亨利：你现在认真听我说。你刚刚说你人生唯一的问题、唯一的一出戏是罗伦。我想你的意思是你不愿意让他受苦

（克里斯蒂安示意赞同）。我不知道问题的解答在哪里。基本上我不了解他，我从来就不了解他。有时候，我得承认，我眼中看到的他是个不快乐的人。不过这也可能只是因为他自己就对自己感到相当无趣，而他也没有能力去和别人建立关系。

克里斯蒂安：（由衷地）光是这样也就足以让他过得很不开心了，不是吗？

亨利：有可能，不过……难道你不曾质疑过到底是什么原因让他感到这么痛苦吗？

克里斯蒂安：（柔和地）我常常都在想。

亨利：我认为……你不觉得吗？他主要问题其实是虚荣心？

克里斯蒂安：说是自尊心或许更合适吧！

亨利：好吧……可是我怀疑的是，你过的这种生活难道不是正好让他伤得更深吗？

克里斯蒂安：（苦恼）我能怎么办？

亨利：我可以跟你说……如果你表现得需要他在你生命中扮演一个比较重要的角色，一个足以令他骄傲自豪的角色。

克里斯蒂安：什么角色？而且，你错了。他一点也不虚荣，他也绝对不是演员型的……他爱我，我感受得到他的爱像无法负荷的重担压迫着我。因为他的爱当中还混杂着一种……骄傲。这一点，我得承认。可是我又能做什么呢？我不可能背叛他，我也不会离弃他。我更没办法真正成为他的朋友。就算是出于一种英雄式的牺牲，要我远离那些他称呼为我的朋友的人，让我自己被空虚的时间与空间围困，这我也可以办到，但这条路也走不通，因为他不能忍受有人为他作出任何牺牲。要知道，他是一个永远不肯亏负人家的人，即使是再怎么小的一笔借贷，他也不肯欠任何人的债。

亨利：那么，你很清楚。

克里斯蒂安：除非是他相信我的所作所为都是为了自己的好处，并且几乎没有考虑到他。那我还能怎么做？我不可能撒谎，至少不是用这种方式欺骗他。

亨利：而你真的认为，你俩离婚不会比较好吗？

克里斯蒂安：我想他可能会毁了自己。（一阵沉默）亨利，我好像听到有人按门铃的声音，可以请你去看看是谁吗？麻烦你。

亨利：一定是丹妮。你想见她吗？

克里斯蒂安：是，我希望立刻解决这件事。

（亨利出去，几秒钟后再与丹妮一起进来，她沉默不语地瘫在一张椅子里面，把脸埋在掌中啜泣，一阵沉默。）

克里斯蒂安：（谨慎地）丹妮，亨利跟我说……（丹妮摇头表示反对）这个跟画像有关的故事真的很无稽。但愿我早知道答应画像这件事会让你这么伤心。

丹妮：（语调淡漠）关键就在这里。

克里斯蒂安：什么意思？亨利，我跟丹妮还是私下谈谈比较好。

丹妮：（语调柔和）他可以留下……（其余的话太小声模糊不清，之后又能听见她说话）伯特兰的朋友……

克里斯蒂安：你见过伯特兰了？（丹妮点头肯定）你刚从他那
　　　　儿过来吗？

丹妮：是。

克里斯蒂安：发生了什么事？

丹妮：我们俩之间已经完了。

克里斯蒂安：好了，我们都明白你们争吵的内容。

丹妮：（讽刺地）我们都明白……你真的明白吗？你有过这种
　　　经验吗……？

克里斯蒂安：我完全可以想象。

丹妮：你"想象"……这两年来，我跟伯特兰就像活在梦里面
　　　一样，没有一点争吵，没有一点误会。

克里斯蒂安：是，可是我还记得去年在滑雪胜地梅杰夫……

丹妮：那只是小孩子的游戏（突然打断）。你知道他对那个女
　　　孩德布珂有意思吗？

克里斯蒂安：什么意思？

丹妮：他们几乎要订婚了。

克里斯蒂安：是怎么回事？

丹妮：他给我看了一封她写的信……至于你，你在这当中又扮演了什么角色？

克里斯蒂安：别傻了，丹妮。首先，我才不相信他们订婚的事。就算是真的好了，这你又怎么能怪在我头上？

丹妮：你光是做你自己，破坏力就够强了。

克里斯蒂安：你疯了吗？

丹妮：伯特兰待在碧亚里的那十天，你的在场就已经伤害了我们之间的关系，你伤害了我们的爱情……喔！我直到今天才明白，伯特兰刚刚已经都跟我承认了。

克里斯蒂安：我们面对事实吧……无论怎样其实都没什么差别。就算他确实对我有点感觉好了……

丹妮：别说什么感觉。伯特兰这个人的感觉……事实上，他根本不可能跟任何一个有点魅力的女人在同一座屋顶下一起呆上两天，还能没什么感觉……没有开始胡思乱想。通常也不会真的就发生什么事，可是这次不一样。伯特兰可以近距离观察你，看到你跟他（指着亨利）、吉尔勃特，还有其他人在一起。伯特兰其实不像他外表看来那样庸俗，而且他很……很实际。想到他大概只能成为你众多仰慕者的其中之一，这样一点也不适合他。

亨利：你知道……

丹妮：可是你对待我的方式……你对待我们大家的方式……就好像是在提炼某种毒药一样。

克里斯蒂安：请你解释清楚。

丹妮：你说的话……比如，那天你在说破碎世界……你没有资格感受到那种程度的忧伤，你没什么可抱怨的，因为你的生活方式跟我们完全一样，你并没有比我们好到哪里去，你根本什么也不信，你……我现在知道这一切都让他感到沮丧，而这种感觉使他转身离我而去。就是你让他感受到不安、焦虑，他才会逃走……还以为有谁真的能够脱逃，以为我们真的能够逃避自己里面令自己都感到厌恶的部分自我……喔,是啊……是有办法可以结束这一切,却也是唯一的办法。现在,伯特兰因为你的缘故开始审判我,他看不起我……

克里斯蒂安:我自己从来没有审判过你,这点你很清楚。

丹妮:你到底有没有把那些话说出口,又有什么差别呢?

克里斯蒂安:(痛苦地)不,我就是不懂。你到底以为我怀有什么企图要背叛你呢?

丹妮:谁说企图了?

克里斯蒂安:当我想到我跟伯特兰的对话……

亨利:这一些对内心意识的考察,没有什么实际帮助。

克里斯蒂安:我从没有挑逗他,他也没跟我说过半句隐秘话。他也没有跟我提过德布珂小姐……

丹妮:那个人……

克里斯蒂安:我不明白你为什么责备我……

亨利：她最生气的就是根本不存在任何可以让她来原谅的
过错。

丹妮：有时候我确实以为自己就要开始忌妒你了。如果是那
样还不会太痛苦。

克里斯蒂安：(向亨利)你明白她的意思吗？

丹妮：首先,如果你真的做过他的情妇,他就会轻视你……这
样他也就不再受你影响了。

克里斯蒂安：(坚定地)我很确定他并不爱我。

丹妮：(苦涩地)难道还有谁是真正爱着谁的吗？

(一阵沉默。)

克里斯蒂安：丹妮,亲爱的,我确定这场婚礼不会发生。德布
珂家族非常富有,所以也很挑剔。伯特兰没什么钱,而且
他的名声又不好,大家都知道他嗑药,也知道他曾经在勒
戒所待过好几个月,大家也知道是谁在支应他的生活费
用……

丹妮：（大叫）你真卑鄙。他就是个可怜的废物，你不认为这
　　　些我早在一开始的时候就已经一清二楚了吗？

亨利：我觉得伯特兰是个专爱自讨苦吃的家伙。一定有医生
　　　跟他说过，像他这种生活方式一定要彻底戒除才行。事
　　　情就是这样发生了，而克里斯蒂安跟这些事一点关系也
　　　没有。她脸色很不好，我觉得我们应该让她休息了……

丹妮：他只要跟我开口，我就会提出离婚的要求。马克现在
　　　也没有理由拒绝跟我离婚了。

克里斯蒂安：这样做只会让你们三个人都陷入悲惨的境地。

丹妮：（热烈急切地）你总是那么悲观消极，急着要打击人的
　　　希望，夺走别人活下去的欲望……你到底在隐藏什么？
　　　这一切的背后到底有什么原因？（她执起她的手）要是我
　　　们能知道，要是你开口说一次实话，或许……

　　　（罗伦开门看见有谁在屋子里，打算不发一语就离开，但
　　　克里斯蒂安唤他进来。）

罗伦：喔！我没打算要打搅你们这个美好的小团体聚会。

克里斯蒂安：别说傻话……他们是偶然遇到才聚在这里。亨利打电话到多洛雷斯家找我回来,那里的聚餐实在无聊得要命……

罗伦：然后菲尔斯特林太太刚好就到了。一切都是顺其自然。在凌晨一点的时间里顺道拜访朋友又有何不可呢?

丹妮：已经凌晨一点了吗?

罗伦：(看他的表)正确的时间是十二点五十六分。

(一阵沉默。)

克里斯蒂安：你今天怎么回来得那么晚? 你叔叔家的晚餐通常都很早就结束了。

罗伦：我十点半就离开了。

克里斯蒂安：然后呢?

罗伦：我去散步。夜色很美。

克里斯蒂安：丹妮有要紧的事情要问我。亨利也是。

罗伦：你不必向我解释。（一阵沉默）我散步回来已经很累了。希望你们不要介意我失陪了。

丹妮：（鲁莽地）请等一等。在你刚刚进门之前……

克里斯蒂安：你说话要谨慎。

丹妮：我们有几个朋友觉得克里斯蒂安过生活的方式，对她的健康不大好。不管是身体或心灵方面的健康，都不是很好。你的工作很忙，所以你可能没留意到，她今晚是否真的有必要去那个巴西女孩家里赴她的约会？或是之前去碧亚里整整待了三星期？过多的喧嚣嘈杂与扰动不安……你不觉得吗？亨利？

亨利：（非常冷静）别忘了上次我没有一起去碧亚里。

克里斯蒂安：你真的太过了！

丹妮：我宁愿在她的面前说；我讨厌在背后说人家。如果她继续维持这种生活步调，半年内她一定会精神崩溃。

罗伦：你到底想说什么？

丹妮：我是在请你运用……是的……运用你的影响力,确保
　　　她可以在比较安静的地方,像是瑞士之类的,好好静养
　　　两、三个月……

罗伦：很抱歉,我有点搞糊涂了。我以为你之所以这么晚过
　　　来是因为有要紧的事情要问克里斯蒂安。

丹妮：除此之外还有别的事……这件事也有关联。甚至是她
　　　回答问题的方式……我跟你说,我很担心她。

亨利：这一切真是一点道理也没有。(克里斯蒂安坐下,带着
　　　一种沮丧、反讽的感觉,因为她人就在现场却被大家当作
　　　议论的对象。)克里斯蒂安的生活确实太忙乱、让她太疲
　　　惫。她的兴趣太广泛,做事情又太投入……

罗伦：有意思。

亨利：她一直都是这样。我还记得在你们结婚之前,她甚至
　　　常常一早八点钟就到医院报到,然后三更半夜还待在戏
　　　院或是俱乐部里。

罗伦：所以你以前还去医院担任义工吗?

克里斯蒂安：我怀克劳的时候就没有再去了。那些医生都担心会接触感染，你不记得了吗？

亨利：医生说得是。

丹妮：更何况，那样做根本不像你。

亨利：完全不像是她该做的事。

丹妮：就像去穷苦人家里探访一样，也不适合你。

亨利：她一向讨厌探访穷人。

丹妮：后来你妈妈要求你别再去探访的时候，你简直是松了一口气。(向罗伦)她妈妈非常担心她会被抢劫、被谋杀。

亨利：多的是别的太太们可以去做那些慈善事业。

克里斯蒂安：(讽刺地)慈善是一种事业吗？

丹妮：(向罗伦)也许你觉得我不该多管闲事，可是身为她的朋友，我不能不关心。

罗伦：我们很感激你的关切，不是吗？克里斯蒂安？

丹妮：你在嘲笑我。

罗伦：怎么会？我当然不是这意思。

丹妮：你刚刚进门的时候，我正在跟克里斯蒂安说她的生活态度里头隐藏了一种什么东西，我们也说不清楚。

克里斯蒂安：你们不觉得这样子太过分了吗？

罗伦：真的很有意思。

丹妮：也许我不该当着她的面讲这些话，不过说都已经说了。况且，我也没有那个勇气写信给你。再说，不管怎样她都会看到我写给你的信。

罗伦：又或者你可以把信寄到我的办公室去。事情还真是复杂难办啊！

丹妮：二十年交情的老朋友，有些事情无论如何都不应该做。这话对你来说也是一样适用，亲爱的克里斯蒂安。

克里斯蒂安：（讽刺地）亲爱的！

丹妮：有些事情连你自己都意识不到……

罗伦：也许你可以好心介绍哪个专家给我们？

丹妮：什么意思？

罗伦：喔，也许哪个心理分析师之类的？根据我对克里斯蒂安的了解——抱歉，在你们这些克里斯蒂安的至交好友面前，我用这么狂妄的口气说话——她应该很乐意吐露心声才对……

克里斯蒂安：你真是疯了。

丹妮：你要是问我的意见，什么心理分析师根本就是个笑话。（向克里斯蒂安）还记得温杰迈这个人吗？凯蒂的弟弟，以前跟我们一起在维利尔兹（Villiers）念书的那一个？他考医师执照考了三次还是考不过，之后就跑到维也纳去工作了。我们听到的消息是他跟他的每个病人都上床，说不定这样对那些病人倒好……无论如何，心理治疗还是一种很奇怪的医疗行为。不，我想克里斯蒂安只需要好好休养，重新找回她真正的自己。如果你愿意好心陪她到某个安静的地方去疗养……你就能听到她向你吐露心声。

罗伦：(讽刺地)真是一个好主意。你还真是个好朋友。

（丹妮与亨利起身要离开。）

亨利：(向丹妮)你有车吗?

丹妮：当然没有! 马克不管白天晚上,整天都要用那辆车。

亨利：既然这样,我送你回家。

丹妮：谢谢。

亨利：(低声说话)我知道你可能会说些讨人厌的话,可我没想到你竟然可以做到这么夸张的程度……

（他们离开。克里斯蒂安送他们走,之后立刻回到客厅。）

（一阵沉默。）

克里斯蒂安：我真不明白,你今天怎么会这么晚回家。

罗伦：路易叔叔家里头很闷，我得出来散步呼吸点新鲜空气。

克里斯蒂安：在外头走了两个小时，你到底去了哪里？

罗伦：我去了公园，走了好几英里的路。

克里斯蒂安：你可能会被抢劫。几分钟前你说你以为我们在秘密聚会，事情完全不是那一回事。你信任我吗？

罗伦：这很重要吗？

克里斯蒂安：知道你信任我，对我来说很重要。

罗伦：我了解。

克里斯蒂安：我没跟你一起去路易叔叔家聚餐恐怕是错了。我没过去，他们生气吗？

罗伦：他们很客气，问候你好不好。

克里斯蒂安：晚上在多洛雷斯家吃这顿饭真是难受……要是去你叔叔婶婶家一定开心多了。待在他们家就好像回到史前时代一样，可是我很喜欢他们。为了要见华理克，我不得不赴多洛雷斯的约会,这件事对亨利很重要。不过结果却是他们根本就没来。

罗伦: 真可耻!

克里斯蒂安: 你知道我不喜欢伤别人的心。

罗伦: 你以为有人喜欢伤害别人?

克里斯蒂安: (不由自主地)有,比如说,丹妮就是。

罗伦: (假装惊讶)喔!怎么会呢?她不是很关心你吗?

克里斯蒂安: 你是当真的吗?

罗伦: 二十年的老朋友!多可惜!

克里斯蒂安: 是……不……我不知道要怎么讲。老实说,我一点也不惊讶。如果有什么让人惊讶的,也只是我发现这种事情其实很平常,没什么好奇怪的。

罗伦: 总之,这份失望的感受并没有夺走你表达自己观点的天赋。

克里斯蒂安：（仍然陷在自己的思绪中）一种真正的联结关
　　系……不只是单纯的习惯……一种联系，不是经由时间
　　塑造形成的，也不能被时间磨灭……的友谊。让我们面
　　对现实吧，我想我没有朋友，没有真正的朋友。你，罗伦，
　　你以前曾经是我的朋友。你如今还是可以做我的朋友，
　　我向你保证。只是你不愿意。你拒绝从我这里接受任何
　　好处，因为你恐怕向我要求什么会显得像是在扼杀我。
　　你本来可以帮助我的。你可以让我变得不那么自私，但
　　是你却不这么做，你让我自己独立去想办法解决问题。
　　而当我自己一个人独立存在的时候，我这个人根本变得
　　毫无价值可言。或许我甚至变坏了。丹妮对我的控诉好
　　像是完全的荒谬无稽，然而她的话也不是完全不对。

罗伦：我不知道你这样反复想下去能做什么，而且现在已经
　　很晚了。

克里斯蒂安：你的态度透露出你内在很深的厌恶感，深到你
　　甚至没办法谈这件事。这份厌恨深入你的内在，扩散到
　　你的全身。

罗伦：这间屋子里藏了那么多秘密。这么多深锁的抽屉，又
　　似乎没有人拥有开启的钥匙。

克里斯蒂安：假如我这么说对你不公平，或许真的不太公平，我真心请求你的谅解。

罗伦：除非曾经发生过什么事而我被蒙在鼓里，否则我看不出你有什么需要感到愧疚的理由。不过如果你想要一个笼统全面的赦免，我很乐于给你。

克里斯蒂安：(深沉地)你这样说太不公平。你明明知道我在跟你说什么。当初在你向我求婚的时候，既然清楚知道你对我是什么感觉，我那时就应该拒绝你的求婚。今天回头去看，我明白自己当初错了。虽然那时我心里相信的完全与现在的情况相反。我那时看到周遭那么多可怕的情况。我母亲的痛苦，还有我弟弟濒临死亡。我自问，"我怎么可以只为我自己考虑而再增加更多的不幸呢？"这么多人都在受苦。况且，我并没有对你撒谎，我对你的感觉如何，我坦诚以告，并没有欺骗你。我以为你对我的爱情也可以唤起我对你的爱情。我知道有些人的爱情是这样发生的。那时候的我能够考虑到的，我都想过，我真的已经尽我所能了。可是现在的我发现，当初真的错了。真正的勇气应该是让你自己去面对你的忧伤，你说不定很快就会从被拒绝的痛苦中复原过来，而我那时太骄傲以致不敢承认事实。如今我已经很清楚地看见，我们可以怎样在言语交流中似乎坦诚以对，然而却又在生活行

动当中自欺欺人。就是因为我嫁给了你，结果你现在再
也没办法从我加给你的伤害当中恢复过来。我请你原
谅我。

罗伦：（语调暗昧模糊）你现在说的这些都是我们早就已经知
道的事，而我还是觉得没有必要……

克里斯蒂安：我们生活中的缄默快要把我压垮了。我觉得无
法呼吸。然而这一切对你来说，好像也没有第二条路可
以走。

罗伦：你还想怎么样呢？我觉得这间屋子里已经充满太多谈
话的声音了。

克里斯蒂安：假如我们可以，比如说，认清我们现在所在的
立场。

罗伦：你的意思是，我们之间还拥有什么可运用的资产。有
时候我真的觉得你不愧是你爸爸的女儿。你举的例子，
你作的比较……很不幸的是，我根本不信这一套感情的
财务管理……官方申报用的账面数据。关于感情的另外
一套，唯一真实的那一套，不可能被你列成会计报表。那
只能是隐藏的……让人看不见的。况且，当你用一种很

动人的方式在回忆过去——我没有任何讽刺的意思——回忆我们过去至今的婚姻关系，你所做的也只是像个图书管理员在整理数据一样，在作一笔书籍库存的账而已。而另外一套账，真正的那一套，不是言语可以形容的。当你的这个……你以前的老朋友抛出她那些龌龊的暗示，暗示你隐藏了一些我不知道的秘密，我怀疑她到底知道还是不知道些什么。

克里斯蒂安：（语调焦虑）根本就没有什么秘密。

罗伦：这一点我就不敢肯定了。无论如何，不会是什么夸张的大秘密。我相信没有人会掌握到什么证据可以写黑函来攻讦你。不过，或许还是有另外一种秘密存在。

克里斯蒂安：可是，真的有什么秘密存在的必要吗？

罗伦：请你要明白，我一点也不奇怪会有这些暗示指涉的出现。你别把我想得太天真了。

克里斯蒂安：我没这样想。

罗伦：你这种疯狂忙碌又不肯休息的生活背后，或许隐藏了……

克里斯蒂安：隐藏什么？

罗伦：我也不能确定是什么……或许是某种摆脱不了的情感
　　执迷也不一定……

克里斯蒂安：（颤抖，随即镇定）可是你别忘了，我们俩结婚那
　　阵子，丹妮她人根本还在摩洛哥。

罗伦：我不是指我们结婚的时候。

克里斯蒂安：好吧！那……

罗伦：我们现在是在谈我们眼前的状况。

克里斯蒂安：那，现在怎么样呢？

罗伦：我不是在盘问你什么。我只是在表达如果你以为我真
　　的这么盲目无知，未免也太奇怪，而且更奇怪的是，你还
　　想象我如果被蒙在鼓里的话，对我们的婚姻关系会比较
　　好。这显出一种跟你这个人完全不搭的恐惧感，同时也
　　引起我的不愉快。

克里斯蒂安：所以我们应该……

罗伦：没有什么"应该不应该"。你知道你是自由的。可是你有没有聪明地运用你的自由？事实上**我**知道……你对我是严重的判断错误。你在出发前往碧亚里度假之前，不该跟你的童年好友讨论，而是应该先告诉我，"我在碧亚里那里可能会遇到某个很吸引我的人……"之类的。

克里斯蒂安：喔！所以这才是我应该事先跟你说清楚的？

罗伦：你老是要用那种方式曲解我的意思。我只是要说如果，你当时曾经很单纯地承认，勇敢地向我坦诚……

克里斯蒂安：这样就能让我们俩更亲近彼此？

罗伦：至少不要自己编出一个很难让我相信的谎话，那只会让我们之间彼此更疏远。

克里斯蒂安：那我应该挑哪一个人来做我爱慕的对象？亨利？吉尔勃特？

罗伦：我知道你跟那些无聊的小白脸之间都保持着适当的距离。

克里斯蒂安：喔！

罗伦：你是有点喜欢他们愚蠢地讨好你，不过那跟你对他们
    真的有感觉根本是差了十万八千里的两回事情。

克里斯蒂安：（不打算隐藏她的挖苦讽刺）你真是启发了我对
    我自己的认识。我现在知道自己什么事都瞒不过你的
    眼睛。

罗伦：这是什么意思？

克里斯蒂安：（比较严肃一点）亨利这个人，你实在低估他了，
    他刚刚才跟我说……你是很敏感的人。事实上，就在刚
    刚……

罗伦：你们刚刚在谈论我？

克里斯蒂安：简单说。他刚刚才跟我说你很聪明。而且，是
    啊！我确实应该对你坦白一点才对。既然丹妮……我本
    来不想伤害你。事实上，我现在了解到我之前的做法是
    搞错了方向。我实在是很笨。

罗伦：不如说是：稍微胆怯了些。

克里斯蒂安：如果你宁愿……幸好现在挽救还不太迟。

罗伦：不过你要知道，有些人在夜里以为可以分享的秘密，到了白天往往会觉得很后悔。我以前就领教过……以前我还有朋友的时候。

克里斯蒂安：（越来越有信心）不，亲爱的，我很确定自己不会后悔。我很清楚自己在做什么。我老早就应该告诉你了。突然之间，一切似乎变得那么简单……是的，我现在明白了，你才是那个可以做我的朋友的人，我分享所有秘密的对象。

罗伦：多么荣幸！

克里斯蒂安：就是在我想要避免伤害你的时候，有件很痛苦的事情发生在我身上。我在碧亚里的时候突然发现……

罗伦：（很冷静）到目前为止，我们俩也足足有一年的时间都没有亲密的行为了。

克里斯蒂安：（气愤）罗伦，你怎么能想到那里去？太恶心了！

（一阵沉默。）

罗伦：（羞耻地）对不起……请你原谅……我之前也没有怀疑

过你。

克里斯蒂安：就这样。

罗伦：（模糊不明确的姿态表情）我是……一个很孤独的人。

克里斯蒂安：从现在起，我们两个人一定要在一起，不是肩并着肩的那一种，而是要相互紧密联系。

罗伦：要是可行的话……

克里斯蒂安：你会看到的。

罗伦：然后将这样一种崭新的亲密关系加以封存？……虽然可能有点矛盾。

克里斯蒂安：我们千万不能老是全神贯注在自己身上，好像看着什么令人着迷的东西一样看着自己。你似乎总是在详细考察着自己。

罗伦：我一直都是这样做。

克里斯蒂安：而我也是如此，在没有人可以帮助我的时候……

罗伦：不，你是……当你兴奋、快乐的时候，你是缺乏自我意识的。然而，我自己却是，说来并不光彩，我跟你正好相反……现在说到碧亚里的事……你是不是在那里遇到了什么人？

克里斯蒂安：不管怎样，在那之前我从来没有注意过这个人。

罗伦：他是怎样的人？

克里斯蒂安：我以前不在意他，现在也不在意。

罗伦：怎么回事？

克里斯蒂安：我想我不是对他这个人感兴趣，一点也不。

罗伦：他很迟钝吗？

克里斯蒂安：他是那种跟我没有太多交集的人，我不会喜欢的典型。

罗伦：所以……只是肉体关系？

克里斯蒂安：我也说不清楚。

罗伦：可怜的你，我亲爱的！

克里斯蒂安：（贴近他）罗伦，我真觉得可耻。

罗伦：（柔和）他是谁？

克里斯蒂安：不，我不能说。

罗伦：还能有别的吗？我都已经猜出来了。

克里斯蒂安：你怎么可能猜到？

罗伦：那天当你问我可不可以让他搬到楼上住……

克里斯蒂安：（惊讶）喔！

罗伦：是安东诺夫，对吧？

克里斯蒂安：（考虑了好一会儿之后，修改她的谎言）是，就是
    他。（她跪在罗伦身旁，把脸埋在丈夫的胸前）

罗伦：（语声温柔，但也透露出一种自满）好了，你终于说出来了……已经没事了，小可怜。（克里斯蒂安无言啜泣着）你放心，我会帮助你走出来的。

克里斯蒂安：我们将会成为一体。

罗伦：来吧，再过一个钟头天就亮了。（他看到亨利留在椅子上的包裹）这是什么？

克里斯蒂安：喔那个！那是亨利拿给我听的唱片。

罗伦：舞曲吗？

克里斯蒂安：才不是……是宗教音乐……索冷团体的录音。

第 三 幕

同样的布景。

两星期后。

下午两点。

（克里斯蒂安，奥伯格，罗伦）

克里斯蒂安：（有点冷冰冰地）拜托，爸爸，你别那么失望，别把难过往心里去。我以前就警告过你：我从来就不相信那个女人！

奥伯格：那个女人！

克里斯蒂安：我觉得你一直都在骗你自己，以为她对你还会有什么真感情。

奥伯格：哎！哎！你一直都对她有成见。我也不知道你到底是嫉妒还是……

克里斯蒂安：我,嫉妒她?

奥伯格：女人之间……

克里斯蒂安：结果还不是被我说中了。

奥伯格：我有想过要是我那时候可以付得起住卡尔登大饭店的开销,事情也不会变成这样了。

克里斯蒂安：只是借口罢了。

奥伯格：金钱是祸端。

克里斯蒂安：你以前还有钱的时候,绝对不会说出这种话。

罗伦：听着,克里斯蒂安!

奥伯格：(向克里斯蒂安)你这样说也太冷酷了。你要知道你这个可怜的穷老爸,可能没多少日子好活了。

罗伦：你生病了吗?

奥伯格：我的病是说不准的。

克里斯蒂安：看吧……

奥伯格：（自傲）医生说我的动脉就跟二十岁的年轻人一样
　　健康。

罗伦：太好了！

奥伯格：不过，我还是觉得身体很不舒服。

克里斯蒂安：大家还不都是一样，之前我说我有偏头痛的时
　　候……

奥伯格：那不一样。过了七十岁，身体如果觉得不舒服，就是
　　一种警兆。

克里斯蒂安：那就该继续控制饮食，你的管家做菜太油了！

奥伯格：过去露西一直都把我照顾得很好。不过我不想再谈
　　她了，她不值得我惦记。我的小外孙呢？他最近过得怎
　　么样？

克里斯蒂安：自从我们离开拉克萨就没再接到他的消息了。

奥伯格：没消息就是好消息。不过他还得在那里再待上一年，让我很舍不得。他要是在家，我就可以带他去看马戏，看电影了。肯定会好玩。等到他明年回家，说不定我这个外公就已经不在了。

克里斯蒂安：听我说，爸爸。我们不能老是只想到享乐而不考虑别的。我们把孩子留在瑞士读书是因为那里对他的健康比较好。

奥伯格：我们以前的年代，小孩子的身体比现在的孩子健壮多了。没人会想到把孩子送到山里面去住，而且，那样肯定要花你们一大笔钱。

克里斯蒂安：你也知道，我们在瑞士的银行有存款，而且罗伦很慷慨。

奥伯格：放假前你老公还说要让克劳在这里上学的。

克里斯蒂安：状况已经改变了。

罗伦：克劳不可能通过这里的入学考，他整天都在玩滑雪跟溜冰。况且……

克里斯蒂安：他喜欢看书。

奥伯格：好了，我要回我那个让人伤心的屋子了……我找了个古董商去看过了。他给几件东西出了价。这年头要过日子还真是花钱。不过我会先听你的意见，这件事也跟你有关。毕竟哪天我要是走了，我可不希望你到时候说我把你该继承的遗产都变卖光了。

克里斯蒂安：我才不是那种人！

奥伯格：我还是希望你过来看一看。

克里斯蒂安：这事很急吗？

奥伯格：估价员今天晚上就会过来了。

克里斯蒂安：那我晚上顺道过去看看好了。

奥伯格：晚上再见了。

（他离开。）

罗伦：我觉得你对你爸爸太严厉了。

克里斯蒂安： 喔?

罗伦： 即使养情妇是他的老习惯……他都一把年纪了,也没什么意思。

克里斯蒂安：（讽刺地）我倒是不知道你的本性原来这么能怜悯同情别人。

罗伦： 你真怪。

（克里斯蒂安作了个手势。）

克里斯蒂安： 我爸有种夸大自怜的习惯。我妈生病的那段日子,我被他搞得很烦。他只想到自己,你还以为他是世界上最可怜的一个人呢。

罗伦： 人人都是这样,这是人性。

克里斯蒂安： 特别是男人。不管怎样,你对他的态度变得不一样了,真奇怪。你以前从来没有替他说过话……

罗伦： 他当然是触动了我的同情心,不过我们只能想办法战胜这种情绪。

克里斯蒂安：我的老天，罗伦，你快变成一个圣人了。

罗伦：亲爱的，你真的不大对劲。

克里斯蒂安：我昨晚没睡好，安眠药一点用也没有。

罗伦：我觉得我们直接回巴黎是个错误的决定。我们实在应该去意大利湖区再玩几个星期才对。

克里斯蒂安：（粗暴地）多谢了。（电话响起，克里斯蒂安拿起话筒）喂！是，没错。你的电话是不是坏了？我听不清楚，刚刚几乎认不出是你的声音。是啊，我们去看儿子，玩了几个星期。他很好。我们已经决定要让他再多留一年了。你怎么会这么说，我们当然很想他。他觉得没有比让他留在瑞士更开心的事了。他只要见到我们去看他，心情就会不好，他本来都很开心的。是啊，这样很正常吧！你的小孩呢？他怎么样？他整个暑假都跟马克在一起吗？那你呢？你都在干嘛？你是不是去了你最喜欢的波歌壑勒群岛？你至少可以寄张明信片给我啊！你以为我还在生气？（深沉伤感）你知道我这个人不会记恨。有事情要问我？只要你想来，当然可以过来找我，不过你动作要快一点才行，因为我还有事情得出去一下，一会儿见。（她挂断电话）

罗伦：你们和好了？

（克里斯蒂安比了个动作。）

克里斯蒂安：现在这个年代没有人真的跟朋友彻底绝交了。
　　　这是破碎世界的另一个记号。

罗伦：我听不懂。

克里斯蒂安：（以细微的讽刺语气）你比我安顿得好，罗伦。
　　　喔，我不是在指责你什么。当然你也有些需要被满足的
　　　条件，不过一旦这些条件都达成，你就已经很满意了。至
　　　于我，我刚好相反……

罗伦：那又怎样？

克里斯蒂安：追求安心自在！在现今这样的一个世界里，是
　　　多么大的妥协让步！

罗伦：（有一点刻薄）听你讲话的口气，还以为你最近受到什
　　　么暴行虐待了。

克里斯蒂安：说得是啊！

罗伦：是没错，可是你跟我都很清楚，我们的问题不完全是那么一回事。况且，我们之前还待在瑞士的时候，我根本没有开口提起过我们之间的问题。我希望你会因为我的表现而多给我一点肯定。不过我不得不说，你最近的脾气真是变了很多，这也不奇怪，即使你用那种态度对待你自己的爸爸，光从你的迷恋造成的影响来看，一切也都可以理解。而不管是你自己或是我，我们从头到尾都没有提到过那个人的名字……

克里斯蒂安：你太过了。

罗伦：我觉得我们之间不该这样刻意缄默。我刚刚才在《日内瓦先锋报》上面看到，他现在在瑞士有音乐会演出。

克里斯蒂安：他信上是这么跟我说的。

罗伦：他写信寄到这里来给你？

克里斯蒂安：我前天收到他的一封信。

罗伦：啊哈！

（一阵沉默。）

克里斯蒂安：你想看信吗？

罗伦：一点也不想。

克里斯蒂安：我大概是放在手提袋里。

罗伦：我一点也不觉得……

克里斯蒂安：我知道，我知道。

（她打开手提袋，拿出一封信，递给罗伦。）

罗伦：你确定……？

克里斯蒂安：（多少有点刻薄）是，当然。

罗伦：我向你保证；我宁愿不看的好。

克里斯蒂安：随你的便。（她把信放回手提袋，阖上袋子）他现在好像下定决心要离婚了。

罗伦：那他太太怎么办？

克里斯蒂安：还能怎么办？况且，我也不确定他们之前是不是真的有登记结婚。

罗伦：喔！

克里斯蒂安：他们八成是以为得要假装成已经结婚的样子，以免被人家排斥拒绝，错过一些好机会。真是愚蠢！

罗伦：所以？

克里斯蒂安：他打算在今年年底以前跟毛夫人结婚。

罗伦：她答应要嫁给他？

克里斯蒂安：她八成乐坏了。

罗伦：他婚后会对她不忠吗？

克里斯蒂安：他要是敢乱来，我才觉得奇怪；她肯定把预设好的条件都摊开来讲清楚了。

罗伦：他知道吗？……你的心情？

克里斯蒂安：什么意思？

罗伦：你有没有告诉他，你对他的计划有什么感想？

克里斯蒂安：我说我的想法也没什么用处……况且……这其
　　　　实也无所谓。

罗伦：（一开始显出急切的好奇心，接着相当自制）你这样想
　　　吗？……不，其实也没什么。

克里斯蒂安：（自言自语）我的老天！

罗伦：（同情）你很难过吗？

克里斯蒂安：不会。

罗伦：（情绪复杂纠结）他根本不值得你为他……这么没人
　　　性，又迟钝。

克里斯蒂安：确实是……幸好是摆脱了！

罗伦：心胸狭隘。

克里斯蒂安：谁又宽大慷慨了？

罗伦：也不光明正大。

克里斯蒂安：他的人品都表现在他的音乐里了。

罗伦：这一点我就不敢确定了。连欣赏他的乐迷也开始质疑……你读了杜赛瑞发表在《音乐杂志》上面的那篇评论文章了吗？

克里斯蒂安：如果在他身边亲近他的人能了解他的话……

罗伦：你知道他受不了批评的话。他只能接受……崇拜他的乐迷。

克里斯蒂安：没错，可是盲目的崇拜……好吧，也许那样也不错。

罗伦：不是每个人都能这样做。好比你，你就办不到……我了解你。

克里斯蒂安：你确定自己真的了解我？

罗伦：现在发生的状况，我早就已经预见了。

克里斯蒂安：(带着隐藏的讽刺)喔？

罗伦：我唯一担心的是你或许没有勇气信赖我，向我坦承一切。如果那样的话，一切就真的是太让人遗憾了。

克里斯蒂安：说真的……为什么呢？

罗伦：你不觉得当你向我坦白以后，心情轻松多了吗？

克里斯蒂安：随你怎么说吧！

罗伦：我们之间不该有所隐瞒。所以，对于我现在要问你的问题，我也毫不犹豫要提出来，其实我刚刚就想提了。

克里斯蒂安：你直说吧！

罗伦：安东诺夫有没有怀疑过……你对他的兴趣？

克里斯蒂安：(激烈地)你指望我跟你说什么？

(一阵沉默。)

罗伦：(略带迟疑)可我刚刚不是才请求你跟我说实话吗?

克里斯蒂安：你好像突然迟疑了起来。

罗伦：不,即使你要说你已经向他表白了你的……你愚昧的……

克里斯蒂安：我的爱。

罗伦：都一样。

(一阵沉默。)

克里斯蒂安：好吧,我有,我说了。

罗伦：你怎么说的?

克里斯蒂安：有一天,大概是在我们出发的一个星期之前……我写了一封信给他,他没回信给我。

罗伦：你信里写了什么?

克里斯蒂安：我跟他说了实话。

罗伦：你把自己奉献给他。

克里斯蒂安：（把脸藏在手里）没错。

罗伦：那之后你们见过面吗？

克里斯蒂安：见过两三次。

罗伦：他都没有提起过那封信？

克里斯蒂安：一次也没有。

罗伦：也许信寄丢了。

克里斯蒂安：没寄丢。

罗伦：你怎么知道？

克里斯蒂安：我在信里附带给他几个人的联络地址，他以前跟我要过。

罗伦：所以？

克里斯蒂安：我知道他用了那些信息……

罗伦：这样真的是太过分了……不过要是他有回信的话……

克里斯蒂安：那我就会任他摆布了。

罗伦：你真的会？

克里斯蒂安：是。

罗伦：当然，你一定有过一些特殊的经验，关于某些卑劣的满足感。

克里斯蒂安：快感？你很清楚到底是谁在享受这种……

罗伦：你是指那个禽兽……？

克里斯蒂安：好吧，是……我是在说安东诺夫……不，不，罗伦，不要口出恶言。他说不定再过不久就会来拜访我们，你得保证我们三个人之间的相处互动要平静无波才行。

罗伦：（一阵沉默后）我不懂。

克里斯蒂安：你刚刚才说你很了解我。可是，你又了解你自己吗？罗伦？

（丹妮进门。）

克里斯蒂安：（迎上前去）你的脸色好难看。

丹妮：（语调阴郁）无所谓了。

罗伦：你想跟克里斯蒂安聊聊吧？我先离开，让你们俩谈谈。

（他出去。）

克里斯蒂安：你看过医生了吗？

丹妮：我没病。事情跟你先前预测的完全不一样。伯特兰就要跟那个德布珂小姐结婚了。这还没完……

克里斯蒂安：（看着她）为什么？丹妮，你的瞳孔是扩散的……你有没有……？

丹妮：有，我是想要这么做，可是我失败了，就跟我做其他任何事情一样失败。

231

（她环顾克里斯蒂安全身。）

克里斯蒂安：（带着温柔）你知道我真的没有怪你。

丹妮：谢谢,但这也不足以……

克里斯蒂安：怎样呢?

丹妮：不足以让我继续走下去。这一次我真的觉得自己受
　　够了。

克里斯蒂安：你吓到我了。

丹妮：喔,随便说说罢了。马克也说我吓到他了。

克里斯蒂安：你们有见面?

丹妮：偶尔像朋友一样聚聚。他不是那种冷酷无情的人。

克里斯蒂安：当然不是。

丹妮：况且,也不是每个人都能这么下流龌龊的,你跟我就没
　　办法。也许这就是别人开始做些其他考虑的原因所在。

克里斯蒂安： 你在说谁？

丹妮： 东欧人。喔，你听不懂的。你这个人真诚又忠于自己。

克里斯蒂安： 你疯了。我什么也不信，否则的话……

丹妮： 喔？（沉默）我想问你的是……喔，也许我太鲁莽了，可是我现在满脑子都被这个念头占据了……过去这几个星期我都自己一个人待在我最爱的波歌壑勒群岛，我常常想到你，想到我们小时候的事，年轻的时候，还有后来发生的事……我也许只是出于一时的好奇心，当然是了。可是我还是想要问清楚……那年冬天在西米耶，整天都跟你在一起的年轻人，杰克·德克罗伊……他后来出家了，是吗？

克里斯蒂安： 本笃会修士，在索冷的隐修院。

丹妮： 你对他的感情是不是比普通朋友还多上一些？或者甚至多很多？

（短暂沉默。）

克里斯蒂安： （不在乎的样子）他的才智特出，是很优秀的人才。

丹妮： 当然了。意思就是你不打算告诉我任何有关他的事情了。

克里斯蒂安： 根本就没有什么事好说的。

丹妮： 那就算了。

克里斯蒂安： 你大老远跑来就是要问我这个蠢问题？

丹妮： 把握机会再见你一次……在我离开以前……

克里斯蒂安： 你要去哪里？你为什么不能老老实实待着别乱跑？亨利几个星期前就出发去智利了，当然他是很有兴致想去做点生意……

丹妮： 而我，不管去哪里做什么，我都没有兴致。

克里斯蒂安： (突然对这样的语调感到恐惧)听着，丹妮……你该不会是……?

丹妮： (装假的声调)我何必把整个冬天都浪费在突尼斯或是

摩洛哥呢？

克里斯蒂安：喔！

（吉尔勃特进门。）

克里斯蒂安：吉尔勃特，我以为你到圣卢内尔（Saint-Lunaire）去看你妈妈了。

吉尔勃特：说来话长，其实是我运气好。不过我现在得立刻作个重要决定才行。

克里斯蒂安：是什么了不起的国家机密要你那么神神秘秘的样子？

吉尔勃特：好吧，我把我们去年冬天写的小剧本拿给狄米奇看了。他很感兴趣。所以我们俩这下不得不一起私奔啦！你一定要跟我一起去圣卢内尔，狄米奇住在那里，靠他家人养活。

克里斯蒂安：好一个梦想家。你是在开玩笑吧！

吉尔勃特：打铁要趁热。你要是自己亲自去问狄米奇，我肯定他会跟你打包票。

克里斯蒂安：不好意思，我得先离开一下了。我答应我爸爸要到他家里去看看。他就住在附近。你们可不可以在家里等我一会儿？我去去就来。（对刚进门的罗伦说）我得去隔壁找爸爸，你能不能帮我陪吉尔勃特一会儿？吉尔勃特刚从圣卢内尔回来，他正在说他的疯狂主意，想要拍一部片。（对丹妮）我们一起走吧？

丹妮：我有车。顺便载你去你爸爸家。

（她们下场。）

吉尔勃特：（请罗伦抽雪茄，罗伦拒绝。两人坐下）看来我到的时间不巧，是不是打扰你们了？

罗伦：（直率）不会，不过……现在这时候确实有点不方便。

吉尔勃特：我刚刚就感觉到了。她是病了吗？脸色看起来好苍白。

罗伦：她最近都睡得不大好。

吉尔勃特：所以？你们不是去山里头度假了吗？

罗伦：那也不怎么愉快，对她似乎没有多大帮助。

吉尔勃特：我还以为你们九月会出去旅行，去意大利湖区或者甚至是去安纳西（Annecy）度假。去年我们去湖区度假，我姐姐也一起去了，那里非常宁静悠闲。我们大部分的时间几乎都在湖面上悠游。

罗伦：老实说，我很难想象克里斯蒂安划船的样子。

吉尔勃特：我会说把她细嫩的双手磨粗是很残忍的事……不过……你们可以租那些有划桨手随行的船。而且那里的气候非常……（怯生生地）抚慰人心！如果，她想要出去玩，我请求你，千万不要阻挡她……这样对她不公平……她是那么才华横溢，她真的很特别。无论如何，你不需要我的意见，你自己知道得比我还清楚，她有多么美好……你先别透露出去，狄米奇计划要……

罗伦：你继续说……

吉尔勃特：要让克里斯蒂安担任这部片的女主角。

罗伦：喔！当真！

吉尔勃特：你也知道人们对专业演员越来越……嗯……因为他们是专业演员，所以表现总是有些不大自然的地方……

罗伦：是这样吗？

吉尔勃特：你仔细想想就会觉得这确实是有道理。

罗伦：嗯，我不能说我自己有认真考虑过这回事。

吉尔勃特：你不喜欢电影吗？

罗伦：偶尔会看，拍得好的纪录片一类的。

吉尔勃特：喔！不！我最爱看电影了；可是纪录片只会让我觉得无聊。看纪录片让我觉得自己好像又退回到学生时代。

罗伦：嗯，看来我们的观点大相径庭。

吉尔勃特：浪漫的理想可以被实现，却又不失其作为梦想的浪漫情感……这种工作只有电影能够办到。除了电影，别无可能。我敢肯定。这就是为什么克里斯蒂安想要……她自己来跟你谈一定会比我讲得更好。

罗伦：恐怕她什么都不会告诉我。最近这阵子她的心神不属，不知道在想些什么，我恐怕她是完全心不在焉。

吉尔勃特：是在担心什么吗？

罗伦：大家心里不都在担心吗？

吉尔勃特：你是说民众忧心政治局势，那当然了，不过她是不看报的。幸好。（一阵沉默）我觉得有点不对劲，早知道我就该写信给她。不过在我跟狄米奇谈过以后，我欣喜若狂……像个小孩子一样兴奋……

罗伦：你人真好。克里斯蒂安如果知道一定会很开心。

吉尔勃特：可怜她得一直烦恼……

罗伦：喔，现在她心里有别的事情。

吉尔勃特：我真希望她心里什么烦恼也没有，跟所有让她难

过的事情都离得远远的……她笑起来的样子，多好。不
过她的笑容好像越来越少出现了。她跟丹妮·菲尔斯特
林和好了没有？我之前听说她们有些争执。

罗伦：你知道克里斯蒂安的交游广阔，很难掌握实际状况。
我没有那么多闲工夫去跟她的朋友来往，跟上她的进度。

吉尔勃特：可她是一个忠诚的好朋友。有时候她会分心专注
在新交的朋友身上，不过她很快就会回到常轨。她有非
常精准的判断力。

罗伦：我敢说她若知道自己的友谊被如此珍惜，一定会感到
很安慰。

吉尔勃特：我没办法想象我们这群朋友如果少了她会是什么
样子，就只是这样而已，没别的。

罗伦：你们这个小团体到底有哪些成员？

吉尔勃特：亨利、伯特兰、我、莎宾·维登(Sabine Verdon)、爱
丽丝·韦特海默(Alice Wertheimer)……

罗伦：安东诺夫先生也跟你们一起吗？

吉尔勃特：喔,不……我受不了那个怪胎……他实在很粗鲁,又自我中心。

罗伦：嗯……也许这就表示克里斯蒂安的判断力也有失常的时候。

吉尔勃特：那你就错了……前几天晚上她才在我面前拿安东诺夫来取笑。当然,她很欣赏他的音乐创作,这是另一回事……

罗伦：喔,是吗?

吉尔勃特：不过她真的受不了他。我跟你保证。你可以相信我的话。(罗伦没有回答;在沉默的低气压笼罩下)你该不会是在猜想……?

罗伦：我没有猜想什么。

吉尔勃特：你可能搞错了。

罗伦：让我直说吧！也没有什么理由好叫我要相信你的。

吉尔勃特：我想问是不是有人跟你说了什么?……

罗伦：克里斯蒂安自己说的。

吉尔勃特：（大吃一惊）你说什么？

罗伦：（很冷淡地）这个话题让我很不舒服，我们换个话题吧！

吉尔勃特：这是不可能的事。像他那种人，是克里斯蒂安最不能忍受的了。我想，应该没有一个女人可以受得了他吧！说真的，他这个人根本就荒唐透顶。

罗伦：你认为没有一个女人会爱上像他那样的人？

吉尔勃特：爱他！……好吧，或许有些人是被虐待狂……不过肯定不是克里斯蒂安……

罗伦：你不觉得像克里斯蒂安这样的女人，可能会对别人的爱慕倾倒，觉得无聊厌倦到一种程度，结果反倒被无情冷酷……甚至可以说是残忍的男人吸引？

吉尔勃特：怎么可能？

罗伦：不是只有我这样想而已；我就知道现实生活中有这样的一个实例。

（茱莉进来。）

茱莉：安东诺夫先生想知道太太是不是在家。

安东诺夫：（不等回复就直接闯进来）太太在家里吗？

罗伦：我太太出去了。我们以为你人还在瑞士？

安东诺夫：我刚下飞机，而且今天晚上就得赶回去。我听到一些坏消息。

罗伦：安太太她……

安东诺夫：所谓的安太太根本就不存在。

罗伦：（目瞪口呆）怎么会？

安东诺夫：很久以前我们去见过教宗，可是没办法获得……你们这里叫作什么？……结婚的许可证？我现在马上就要跟毛夫人结婚了，婚礼会在瑞士的湖畔举行。伊达信赖湖，我可不喜欢那些湖。湖边蚊子一大堆，还有人在听风流寡妇那一类的轻音乐……不过人总得有需要妥协让步的时候，不是吗？

罗伦：那么娜妲怎么办？

安东诺夫：我有个朋友，身高差不多六尺，他本来是要带她回
　　　布鲁塞尔去。他跟她说她的妈妈刚刚抵达布鲁塞尔。我
　　　想她并不相信这些话。他说就在车站里头，当他去买票
　　　的时候，她人就不见了。这些都是他发电报告诉我的。

罗伦：那她到底发生了什么事？

安东诺夫：谁知道？

罗伦：这真是太可怕了。我们一定得报警才行。

安东诺夫：我要是个信徒的话，我就会点蜡烛祈祷这辈子不
　　　要再遇见她。我们住的公寓上锁了，门房的儿子说他看
　　　到在冒烟，万一她把我的音乐手稿给烧了……拜托你，太
　　　太手上是不是还有另外的备份钥匙？

罗伦：门房的太太有一把。

安东诺夫：可是她回乡下的娘家去了。这些女人怎么个个都
　　　有乡下的老妈？

罗伦：她应该不会把钥匙也带走吧！

安东诺夫：她儿子是个傻瓜。他说他也不清楚。

罗伦：你的判断未免太草率了。这个年轻人可是拿奖学金的
学生，将来搞不好会当总统呢！

安东诺夫：要是你也没有备份钥匙，我们只好找锁匠来了。
（指向吉尔勃特）也许这位先生可以帮忙去找个锁匠来？

吉尔勃特：抱歉！我不认得半个锁匠。

（安东诺夫绞扭着双手。）

安东诺夫：我错了。我应该要找到娜妲，把钥匙拿过来才
对……可是现在时间已经来不及了。

（娜妲进来。）

安东诺夫：（跳起来，对着她大吼大叫）钥匙……

娜妲：你敢动我一下就试试看。

安东诺夫： 钥匙。

娜妲： 钥匙不在我身上，以后也不归我管了。

安东诺夫： 我的乐谱呢？

娜妲： （冷静地）那就看你自己的选择了。你如果要跟那头母牛结婚，那你这辈子就别想再见到你那些谱了。这个国家是不允许人使用暴力的，所以谁也没法叫我说出来，我把你那些谱都藏到哪里去了。我只能跟你说，你的谱都放在一个很潮湿的地方……（安东诺夫大叫）现在那些记曲谱的纸张是远远不如战前的质量了，我看光是湿气就能毁了你那些手稿。

安东诺夫： （向两位男士）在一个文明的社会竟然会发生这种事，真是叫人难以相信。连石头都要喊叫起来……

吉尔勃特： 亲爱的先生，石头在其他国家见过更糟的事呢！社会文明或不文明，都是一样。

罗伦： 不管怎样，我们都帮不上你们的忙。所以请到别的地方去讨论你们的家务事吧！

娜妲：我绝对不要跟他单独相处。

罗伦：夫人。到街上转角的警察局去寻求保护吧！他的身材可是又高又壮。

安东诺夫：先生，你好像忘了艺术的神圣尊严还有艺术家所享有的不可被剥夺的权利。

罗伦：你这一套已经不流行了，先生。我没想到你还是一个守旧派。

娜妲：（恶意地）反革命分子！人们可不会想写反动派的人生故事，也没有人会把保守派的标志挂在自己家里头。

（他们离开了。）

吉尔勃特：你怎么可能，即使只是一瞬间闪过那样的念头，想象这样一个小丑会……

罗伦：我完全同意你的话，如果克里斯蒂安曾经看到过像刚刚那样的场面……不过，我还是不敢很肯定地这样说。说不定她对某些戏剧张力十足的和弦太过印象深刻了。

吉尔勃特：无稽之谈。

罗伦：吉尔勃特先生，你曾经去展览会场欣赏过那些展出的画作吗？你会强迫自己去欣赏那些恐怖的女人，她们的正面和侧面同时被画在一个平面上吗？有些人欣赏那样的作品。相信我，只要把那样的举动称为"自命不凡"，这就足以解释一切了。我们这个时代目击了彻底的转变……一个精神错乱的社会在经历人性的彻底破碎。这比共产主义还要危险，或者这两件事其实是有关联的？我很讶异。

吉尔勃特：画展和音乐会，完全是两回事。

罗伦：不，他们都是一样的东西。在其中都包含了某些性欲的要素。（带着一种强烈的热诚）根本上来说，都是与性有关的。

吉尔勃特：在克里斯蒂安的世界里，没有根本要素这种东西。我可以直接问问她的意见吗？

（克里斯蒂安进门。）

罗伦：（冷冷地）我怎么能阻止你呢？（对克里斯蒂安）克里斯

蒂安,你刚刚错过了一幕滑稽短剧。你朋友会告诉你全部的事情。我现在要离开让你们好好聊聊了。我知道你们有些正经事要讨论。

(他下场。)

克里斯蒂安:亲爱的吉尔勃特,你看起来很沮丧,怎么了?

吉尔勃特:安东诺夫。

克里斯蒂安:他怎么了?

吉尔勃特:你老公刚刚跟我说……不,我不能说……

克里斯蒂安:既然不能说,那不如告诉我,狄米奇说了些什么?

吉尔勃特:你在转换话题。

克里斯蒂安:我? 转换话题……?

吉尔勃特:所以这是真的啰?

克里斯蒂安：什么真的？

吉尔勃特：你老公认为那只大猴子吸引了你的注意，他简直对这个念头着了魔……证据就是，他竟然把这件事透露给我知道！

克里斯蒂安：（自言自语）真是卑鄙！

吉尔勃特：他说是你自己告诉他的……克里斯蒂安，这是真的吗？

克里斯蒂安：（过了一会儿）我不确定自己有没有听懂你的问题。

吉尔勃特：你真的承认？

克里斯蒂安：罗伦不是会说谎的人。

吉尔勃特：所以呢？

克里斯蒂安：我是说过。

吉尔勃特：那是因为……？

克里斯蒂安：我没有必要向你透露更多细节。

吉尔勃特：（他的面容扭曲）太可怕了……这个野蛮人怎么可能，他既没水平，谈不上优雅的举止或外貌……他吸引了你……？我无法相信。

克里斯蒂安：（虚弱）你又怎能想象得到……一个女人的心理状态呢？

吉尔勃特：那么你承认这只是某种心理依恋……至少你的感情不是真的……不，即使这样，我还是不能接受……我就是无法相信这件事。

克里斯蒂安：你愿意相信什么就相信什么吧！亲爱的吉尔勃特。

吉尔勃特：可是，首先是你为什么要告诉他呢？

克里斯蒂安：我们总是试着对彼此完全诚实。

吉尔勃特：可是你还有很多其他的事情都从来没有告诉过他……这样的情况，我看过太多次了。

克里斯蒂安：那些只是无关紧要的琐事。

吉尔勃特：不是这样。甚至我们谈话的现在，我可以感觉到你的不安，尴尬……看着我。你为什么把头转开？我现在要跟你说实话。

克里斯蒂安：（本能地）不要！

吉尔勃特：你到底在怕什么？

克里斯蒂安：你，你没有资格来问我。我不需要对你负责。我跟我丈夫之间的事……这根本不关你的事。你只要稍微考虑一下，想一想，你这样太过了。

吉尔勃特：（深刻地）不，这都是因为我爱你。

（一阵沉默。）

克里斯蒂安：吉尔勃特，说谎的人是我……没错，我对我丈夫撒了谎。我对安东诺夫的看法就跟你一模一样。他这个人对我来说根本毫无意义可言。就算他明天就消失在地球上，我也毫不在意。

吉尔勃特：那这一切到底是怎么回事？

克里斯蒂安：我可以对你发誓，我刚刚说的都是真话，至于其
　　他的……我无权向你解释。

吉尔勃特：可是，你这样说……

克里斯蒂安：你不相信我说的话吗？

吉尔勃特：（谦卑地）如果你先前可以对他说谎，我又怎么知
　　道你现在对我说的是真话假话？……不久前你才告诉
　　我，你从来没有说谎骗过他，现在你却又说你先前撒
　　谎……我受不了……我没办法再相信你。

克里斯蒂安：（非常感动）我亲爱的吉尔勃特！

吉尔勃特：这会有什么道理可言……克里斯蒂安，请你跟我
　　说清楚！首先是你丈夫的事，我一点也不了解他这个人。

克里斯蒂安：不。

吉尔勃特：就在刚刚你进门的时候，他的脸色突然变得好冷，
　　好怪……

克里斯蒂安：你误会了。

吉尔勃特：也许他现在很痛苦……我不懂……可是如果他正在受苦，他却又似乎乐在其中。

克里斯蒂安：这太疯狂了。

吉尔勃特：我有这样的感觉，一切的事情之所以会发展成这样，都是他的错。

克里斯蒂安：（突然打断）不是这样。你只要稍微仔细想想就知道……

吉尔勃特：光是你断然否定的样子……

克里斯蒂安：我不能容许你向我控诉罗伦。

吉尔勃特：我不是在怪罪他。我又能控诉他什么罪名？

克里斯蒂安：他这个人无可指责，只是稍微缺乏一点自信而已。

吉尔勃特：而这就是你之所以对他撒谎的原因吗？

克里斯蒂安：这理由根本不难猜到,只要稍微仔细想想……

吉尔勃特：（拍他的额头）喔! 是为了误导他……免得他瞎疑心?

克里斯蒂安：是。

吉尔勃特：然后呢?

克里斯蒂安：我这样的做法很自私……如果他猜到事情的真相,恐怕会很难收拾。

吉尔勃特：事情的真相!

克里斯蒂安：没错,你知道他很可能会……

吉尔勃特：克里斯蒂安! 你要是把这个真相告诉我,是不是表示我没有希望了?（克里斯蒂安被吉尔勃特的痛苦吓到了,她稍停了一会儿,保持沉默;之后好像是着魔一样,屈服于一种新的压力,她抬起头来,直视着吉尔勃特）不是吗? ……你说吧! 告诉我事实的真相……然而克里斯蒂安……克里斯蒂安……我可以相信吗?（充满希望）我能够抱着希望吗?（苦涩地）你在骗我……这是不可能的事。

（罗伦进来。）

罗伦：（悄悄进来，对克里斯蒂安说）邮差刚把信送到，有一封
　　　克劳写的信。

克里斯蒂安：喔！

罗伦：就像平常一样潦草得可怕，还染了一大块墨渍在上头。
　　　他们应该让他工整地重抄一遍才对。

克里斯蒂安：我想他们应该不会检查他写的信。

罗伦：另外还有一张讣闻。我觉得奇怪，不像是寄错了的。
　　　一个本笃会的修士，莫里斯神父（Dom Maurice）。是你
　　　认识的人吗？七月十六日死于索冷隐修院，享年 33 岁。

克里斯蒂安：（痛苦地）八成是很多年前认识的朋友。大概是
　　　在他还没有想到要出家过宗教生活之前，曾经来往过。

罗伦：（带一点讽刺的口气对吉尔勃特说）你们的企划案进行
　　　得如何？

克里斯蒂安：（不带情感地）场景都设定好了，就快进行到剧
情的高潮了。

罗伦：那我就先告退了。

（他下场。）

克里斯蒂安：（在吉尔勃特面前崩溃）我最亲爱的吉尔勃特，
请你不要遗弃我。

第 四 幕

同样的布景。

四个月后。

（克里斯蒂安，亨利，吉尔勃特）

亨利：马克要怎么安置那个孩子？

克里斯蒂安：他会送他去上寄宿学校。

亨利：大家都知道丹妮她……？

克里斯蒂安：不……他们很小心处理……只说是突然中风。
所以他们就都自我说服，好像早就知道丹妮一直以来血
压都很高。

亨利：那伯特兰呢？他怎么看这件事？

克里斯蒂安：很难说。他跟新婚的太太一起离开去埃及了。

亨利：至于马克，我猜想……

克里斯蒂安：马克，他是个幸存者。

吉尔勃特：你说话的时候为什么要看着我？

克里斯蒂安：我没有看你，我保证。

吉尔勃特：我就不是一个"幸存者"吗？

克里斯蒂安：还不算，不过，谁晓得呢？……无论如何，别自己折磨自己。这样的机遇不会太多。

吉尔勃特：什么机遇？

克里斯蒂安：女人为你服药过量。

吉尔勃特：（讽刺地）这倒是让人觉得安慰。

亨利：可怜的丹妮……我还记得她无精打采地坐在那张扶手椅里的样子，你记得吗？那一晚的惊喜派对……没错，我永远记得去年四月的情景……不过,又有谁会怀念她呢?
可怜的小东西。她是因为觉得没有人在乎她,所以才自
杀的吗? 或者她就是为了想让某人在乎,所以才自杀?

克里斯蒂安：也许这两个理由都是吧！

亨利：这倒合理。(克里斯蒂安做一个表情动作)这整件事从
头到尾都太可怕了。

克里斯蒂安：这六个星期以来我的情绪因为这件事陷入深沉
的忧伤,现在才刚刚开始觉得好些……尤其是想到我应
该早就料想到……就好像我那时根本就不想要知道……
拜托别再专注这个话题了。那种情绪可能会重新回
来……

亨利：因为我根本没有收到你寄去瓦尔帕莱索(Valparaiso)
给我的信……直到现在我才感觉到忧伤的打击……可怜
的丹妮!

克里斯蒂安：他们说人一旦……以后就再也不会痛苦……那
样就好了。

亨利：以后……人死了,真的还会有以后吗?

吉尔勃特：还有天堂啊！你在说什么？

克里斯蒂安：（对亨利）我有时候在想，既然杀人凶手的心始终都摆脱不了自己杀了人这件事……自杀也算是谋杀的一种，或许自杀死亡的人也会一样永远摆脱不了……

吉尔勃特：太可怕了！

克里斯蒂安：亲爱的，别再去想这些了。（亨利打了个寒颤）我宁愿这些念头从来都不曾在你的心中闪过，这样我会开心些。

吉尔勃特：别担心我。

克里斯蒂安：亨利，让我惊讶的是你会这么……不抱持任何幻想肯定是很了不起的事。

吉尔勃特：你现在是在说我吗？在说我的故事脚本……？

克里斯蒂安：没错！你在编造故事脚本，我们理解，也照这样生活出来。

亨利：这下倒引起我的兴趣来了。

克里斯蒂安：这倒不必。

吉尔勃特：你还有很多事情还没跟我讨论，我们明天晚上在哪儿见面？

克里斯蒂安：喔，没错……我看看，我明天晚上七点半以前都会待在刘玛莉家。

吉尔勃特：那好。

克里斯蒂安：你会准时吗？

吉尔勃特：我应该会比你先到。

克里斯蒂安：如果那天迟到的人是你，要是我就会等你。

吉尔勃特：可是我已经跟你解释过那天的事了。

克里斯蒂安：我只是在跟你开玩笑。再见。（吉尔勃特显然走不开）你不是要去试衣服？再不走就要迟到了。

吉尔勃特：你要是知道试衣服有多无聊。

克里斯蒂安：不过你要是穿着打扮得整齐合身会非常有魅力。

吉尔勃特：不管做什么事，你总是爱取笑我。

克里斯蒂安：我从来就没有取笑你。

吉尔勃特：也许晚上我会在克兰夫人家里跟你碰面。

克里斯蒂安：你知道罗伦会跟我一块儿去。

吉尔勃特：你丈夫也会交际应酬？

克里斯蒂安：克兰夫人是他上司的太太。

吉尔勃特：好吧！那就明天见了。

克里斯蒂安：好，明天七点半在刘玛莉家。

（他离开。）

（一阵沉默。）

克里斯蒂安：现在跟我多谈一些吧。

亨利：我已经说过很多次了，知道丹妮的事以后，我现在整个
　　人都完全失落了。

克里斯蒂安：真让人感伤。

（沉默。）

亨利：我不懂她为什么要自杀。你们从前就是好朋友，和好
　　以后也相处得很好，不是吗？

克里斯蒂安：没错，我们从瑞士回来以后就又和好了，至少我
　　是这样以为。

亨利：可是伯特兰再也不想理她了。

克里斯蒂安：他那样做也有他的道理，既然他都已经订婚
　　了……

亨利：到头来，她所做的或许已经是她所能做的最佳选择。

克里斯蒂安：你旅行一趟回来却没有因此变得比较开心。

亨利：我承认，看过那些事物之后，我并不开心。

克里斯蒂安：我知道里约热内卢的港口堆满来不及运出去而腐烂的咖啡豆，还有麦子被用来当作内燃机的燃料使用，可是这同时俄国和中国都在闹饥荒，有很多人饿死。

亨利：（讽刺地）你的消息倒是灵通。

克里斯蒂安：不需要去环游世界也能知道世界上正在发生的事。

亨利：你很奇怪……你现在到底是开心还是自暴自弃？

克里斯蒂安：要看每天的心情而定。

亨利：整体来说呢？

克里斯蒂安：比较是开心吧……是啊，算是开心。

亨利：在那封你用平信寄到瓦尔帕莱索问候我的信里头，你有没有提到你跟吉尔勃特最新的……

克里斯蒂安：喔，把你想说的话说完哪。

亨利：你们之间发生了什么事？

克里斯蒂安：你想说什么？

亨利：不，我想应该没有，那种事情是不会写在信里头的。

克里斯蒂安：怎么了？亨利？

亨利：毕竟我一直都希望你这样做……至少我以为我是这样想……（沉默）而你甚至不觉得有说谎掩饰的必要。

克里斯蒂安：不，我不会对你说谎。没有理由这样做……活着本身已经够艰难了。也许我应该要……你也反对我吗？

亨利：任何事情我都不会反对你。我只是刚刚才发现自己很不开心。真蠢。

克里斯蒂安：亨利！

亨利：没错，我或许没有看清楚在我自己身上发生的事。

克里斯蒂安：我们从来就看不清楚自己，那是不可能的事。

亨利：什么？

克里斯蒂安：所谓的清晰透彻。如果这样东西真的存在，那
　　无疑是个诅咒。

亨利：你怎么会这样说，你这样的人竟然会说这样的话。

克里斯蒂安：要是你知道……

亨利：（痛苦地）我可能不想要知道。我知道的已经够多了。

克里斯蒂安：然而，总有一天我还是得告诉你……喔！不要
　　是现在吧……光是要开口跟你说这个故事，这对我来说
　　就已经痛苦得无法承受了。

亨利：这真的是一个故事吗？

克里斯蒂安：我现在只能跟你说，有一天我故意让吉尔勃特
　　以为我爱着他……而这并不是事实。

亨利：为什么？

克里斯蒂安：接着一件神秘的事情发生了。我的告白在他心

中燃起火花,而这样的热情让我无法承受,我完全陷溺在其中。这份像火一样的热情抓住了我,感动我,包围我,让我打心里面燃烧起来。

亨利:你的语气好哀伤……

克里斯蒂安:因为这样的热情不是我的理智所能接受的。好比现在我跟你在一起的时候,用这样的方式来向你说明解释,然而这些话却不能够说服我自己。然而,当我跟他在一起的时候,一切却完全不同,那些相处的时光都是那么真实,我很确定。

亨利:这太悲哀了。

克里斯蒂安:不,这份感情是……这份感情会变得很美好的。

亨利:什么时候才会变得美好呢?

克里斯蒂安:当我们俩一起离开这里,永远消失的时候……

茱莉:太太,安东诺夫先生来了。

克里斯蒂安:请他进来。

亨利：你还在跟这个大老粗来往？

克里斯蒂安：他已经跟毛夫人结婚了。

亨利：好戏上场了！

（安东诺夫进来。）

克里斯蒂安：（伸手给他）喔，你们已经回来了？你也认识我
　　的朋友亨利·布朗恩费尔斯。

安东诺夫：我想我应该是认识，不过不记得了……喔！是的，
　　我想起来了。（他们握手）我们从卡布里岛回来了，这可
　　真是个严格的考验啊！夫人，那里糟透了。

克里斯蒂安：卡布里岛会很糟？

安东诺夫：喔，气温倒是很舒适，还不坏。可是那里的风景！
　　根本就像在风景明信片里头散步。

亨利：那就是卡布里岛的错了。

安东诺夫：在那种地方根本没办法作曲。太夸张了，到处都是

《甜蜜的拿玻里》(Dolce Napoli)、《散塔露西亚》(Sancta Lu-
cia),都快把我给逼疯了。

克里斯蒂安:这种事倒也不是第一次发生了。

安东诺夫:(被激怒)那是当然了,太太,一个音乐家的神经系
统是非常纤细脆弱的,你得承认这一点。

克里斯蒂安:你从威尼斯寄了一张卡片给我。

安东诺夫:我在那里的时候觉得像是在糕饼铺子里散步。

克里斯蒂安:多么有意思的想法!

安东诺夫:我在那里的什么地方有看到一座造飞机的工厂。
我没进去参观,不过确实有看到。我确实欣赏那座工厂。

亨利:那你一定可以跟那些未来主义艺术家们处得很好。

安东诺夫:先生,你这是在侮辱我。

亨利:(他起身)再见,克里斯蒂安。不久之后还能再见到你?

克里斯蒂安：不久？当然。我就不送你出去了。

　　（他向安东诺夫鞠躬之后出场。）

安东诺夫：夫人，一点用也没有。也许我的步骤错了。对，有
　　可能，我犯了一个错误。

克里斯蒂安：你在说哪个？

安东诺夫：我会透露你一点细节……伊达不肯给我支票簿。
　　对一个艺术家来说，这是何等尴尬的处境。

克里斯蒂安：你还能期待什么呢？她又不信任你……她至少
　　有两个前夫都发生过财务方面管理不善的问题。

安东诺夫：（带着鄙视）八成是银行家。

克里斯蒂安：一个是新闻记者，另一个是导演。

安东诺夫：什么导演？

克里斯蒂安：荒谬剧之类的戏。

安东诺夫：荒谬剧可不好演……再说，她都没跟我提过。她
　　家族里头有个犹太拉比，他因为我作大屠杀的曲子而筑
　　一道围墙。

克里斯蒂安：你说他筑一道围墙是什么意思？

安东诺夫：他变得疏远又客气。

克里斯蒂安：喔，你的意思是他被你激怒了。

安东诺夫：无所谓，那不重要。伊达说如果我不更改音乐标
　　题，她就不帮我付合唱团的费用。这根本是勒索。我现
　　在该怎么办？你告诉我吧！

克里斯蒂安：这位拉比的意见很重要吗？

安东诺夫：（神秘地）我告诉你一个秘密，伊达的心脏有毛病。
　　她有时候好像喘不过气来。

克里斯蒂安：所以呢？

安东诺夫：人家都说犹太人不相信死后有永生，其实不然。
　　伊达很担心她死后会下地狱。她捐一大堆钱给犹太教的

人权组织。你知道她其实不是那么的富有！这太不合理了！

克里斯蒂安：亲爱的安东诺夫，你为什么总是把秘密透露给我？你每次遇到麻烦就来找我求救，你知道这让我很感动。

安东诺夫：我想你可以跟伊达谈谈。她很欣赏你，甚至有一点点嫉妒你，这不是什么坏事。

克里斯蒂安：嫉妒？

安东诺夫：我曾经是你的房客，她怀疑……

克里斯蒂安：真可怕！

安东诺夫：（受伤）怎么会可怕？

克里斯蒂安：娜妲呢？

安东诺夫：没有她的消息，说不定她付不起邮资。尽管说起来感伤，但也还算让人满意了。伊达在照管那些孩子们。你问了一个我自己也在想的问题。你是一位有魅力的女性,我想我确实被你吸引。如果我现在还住在你的公寓里,可能会惹出麻烦来。也许我会太常想念你而导致我无法工作。不过既然现在我不住在这儿,事情就简单多了。

克里斯蒂安:听着……这跟我们刚刚在讲的事情,一点关系也没有……不过很有趣就是了。你知道我有个朋友听完你在香榭剧院(Champs-Elysees Theater)演出的管弦乐练习曲(Etudes for Orchestra)之后,怎么形容他自己的感受吗?

安东诺夫:(担忧)他怎么说?

克里斯蒂安:听起来就像一个在清洁打扫的老妇人,死命地拍打他们家那块老旧褪色的地毯,弄得一屋子肮脏的灰尘往四面八方飞散,飞得到处都是。

安东诺夫:(激怒)为什么说是旧地毯?什么叫褪色的?肮脏的?这样说话的人必定是我的死对头。告诉我他叫什么名字。你一定要……

克里斯蒂安:不,不,不。

安东诺夫：也许这些话根本是你自己说的。无论如何，都太恶劣了。我如果不知道这些话是谁讲的，我今晚一定睡不着觉。

克里斯蒂安：冷静一点。

安东诺夫：而且一想到我本来打算要把我的爵士交响曲献题给你！

克里斯蒂安：只是小小提点一下，我们通常都会说是题献。

安东诺夫：现在可好！我接下来可能两星期都写不出半个音符来了！

克里斯蒂安：好啊，那你可以去告我，因为我造成了你的损失。（对着刚刚进来的罗伦说）罗伦，你能不能好心帮我送安东诺夫到门口。

安东诺夫：不必了……这是什么样的酷刑！我从来就没遇到过这种事。

（他出去。）

克里斯蒂安：(解脱似的叹了一口气)喔,亲爱的……！终于从此摆脱这个人了。你相信吗？他刚刚简直是一副要开口向我求婚的样子。

罗伦：(大吃一惊)他还做了什么？

克里斯蒂安：你没注意到吗？他穿着打扮更朴素了。这算是我拉扯过的傀儡娃娃里面,最丑陋不堪的了。

罗伦：他如果还留一点体面,就应该永远别再出现在我们家。

克里斯蒂安：体面……你指望他？

罗伦：我知道。……他跟你说了什么？

克里斯蒂安：最近的新闻是,他发现自己被我吸引了。他还说受我影响到一个程度,如果他再继续住在附近,说不定会妨害到他的工作。这番感想让我下定决心一定要彻底摆脱这个人。现在终于了结了。

罗伦：我不懂你的想法。

克里斯蒂安：很简单。我已经受不了了,就这样。

罗伦：你真的这么痛苦吗？

克里斯蒂安：我？喔，不，相信我，我才不会给他这种满足虚荣心的机会。

罗伦：你真是一个谜样的女人。我还记得之前……

克里斯蒂安：人还是健忘一点比较明智。

罗伦：说得倒是简单，知易行难。

克里斯蒂安：熟能生巧，完美来自练习。

（一阵沉默。）

罗伦：克劳最近写来的那些信，我刚刚都看了。实在写得很差劲，很丢脸。

克里斯蒂安：他才十一岁。他的文法错误不是什么不得了的大事。现实生活中有可能发生很多比这个严重得多的事。

罗伦：我没有看到什么征兆。

克里斯蒂安：那是因为你并不是敏感的人。

茱莉：外面有位女士要见太太。（她递给克里斯蒂安一张名片。）

克里斯蒂安：（试着掩饰她的一阵颤抖）谢谢你。

罗伦：是谁？

克里斯蒂安：她有没有说她是要来问我什么？

茱莉：这我就不清楚了，太太。

克里斯蒂安：喔，是了，我知道她是来做什么的。吉妮·傅格的先生得了跟我妈妈当年一样的病；我想她大概是要来问我当初给我妈妈看病的是哪位医师吧！她信里有提到过这事。

罗伦：姓傅格？是哪一家人？住在哪里？

克里斯蒂安：他们住在尼斯……以前我们家的别墅还在的时候，常常跟他们在西米耶碰面。茱莉，你请那位女士进来吧！请让我们单独谈谈，这件事对她来说无疑是相当痛苦……

罗伦：你们谈完以后我们就得出发去克兰夫人家了，之前说好的。

克里斯蒂安：（紧张）好，我也是这样想。（吉妮进来，茉莉在旁伴着她）这是我先生，这位是傅格太太。

（罗伦向两人鞠躬致意后离开。）

吉妮：我刚好经过你家，就想过来拜访。希望没有打搅你们。

克里斯蒂安：一点也不……经过这么多年后又再见到你，真让人百感交集……你几乎没什么变。

吉妮：我也一样有很多感触，克里斯蒂安。

克里斯蒂安：你先生还好吗？

吉妮：还是老样子。

克里斯蒂安：他没法起床吗？

吉妮：是。要带他过来非常困难。

克里斯蒂安：你们去看过医生了吗?

吉妮：最近又刚看过一次。

克里斯蒂安：医生怎么说?

吉妮：他们也无法确诊。不管怎样,他们都没让我抱太大希望。他很有可能会终身瘫痪。

克里斯蒂安：这么严重! 他自己知道吗?

吉妮：他不接受。他没办法……像他这样的人,就是无法接受这种状况……

克里斯蒂安：我只有在你们的婚礼上见过他一次,不过我可以想象……他很健壮,又那么积极活跃。要他接受这种状况,的确是太难了。(一阵沉默,换了一种语调)谢谢你这么快就回信给我,尤其是我这么迟才写信给你。我收到通知是八月时候的事,可是我等了好几个星期都没办法鼓起勇气写信给你。

吉妮：是，我明白。

克里斯蒂安：即使在我的信里面，我也不知道要说什么才好。也许你会以为……

吉妮：不，我完全了解。在字里行间存在着一种……一种沉默，我看得出来。

克里斯蒂安：真的吗？

吉妮：你有没有考虑过去一趟索冷？既然现在……

克里斯蒂安：不，我从没想过……我不相信上帝。

吉妮：真的吗？谁能确定呢！

克里斯蒂安：是啊！这种事谁能确定？我也问过我自己同样的问题……可是，要是你知道我现在的生活成了什么样子的话！

吉妮：你已经接纳了吗？

克里斯蒂安：（一愣）什么意思？

吉妮：你的人生，你接纳了吗？

克里斯蒂安：（半是喃喃自语）我宁可说自己是忍耐着接受了
　　　吧！从这个角度看，我的生活其实就跟我本人一样。可
　　　是现在，**吉妮**，请你跟我谈谈你弟弟的事吧！……为了
　　　我……

吉妮：（尽可能温柔地）我明白。

克里斯蒂安：什么意思？

吉妮：我一直都知道。是的，当你们在西米耶一起玩的时候，
　　　我看出你跟其他人不一样。你是很不一样……我也说不
　　　清楚……虽然你已经被强烈的情感所征服，你深受感动
　　　但却依然安静沉默。

克里斯蒂安：（非常轻柔地）被征服……你说得对。

吉妮：就在他告诉你他打算要加入本笃会的那一天之前，我
　　　曾经见过你一面，而在你知道这个消息以后，我又见到了
　　　你。于是我对一切就都了然于胸了。你根本不需要跟我
　　　说些什么，那前后两次的印象在我脑海中还栩栩如生。
　　　之前是欢欣喜乐又充满信赖……之后则是……

克里斯蒂安：那么……你是唯一一个知道这秘密的人！

吉妮：你爸妈，你的朋友们，根本就没有人看出来！

克里斯蒂安：我们在那里没有遇到多少人。我妈可能有些疑心，不过因为我后来马上就病了，当然那场大病是有原因的，可是没有人注意到什么蛛丝马迹，我当然也不会想要让他们知道。噢！你简直无法想象，那一次当他告诉我，他有心想要出家修道的时候，我本来已经打算要向他表白我的感情了……没错，我对他的爱情是一种美妙的体验，这样一份美丽的爱情，就跟你猜到的一样……完全征服了我……那一刻所承受的打击创痛，使我整个人的存在都带了伤。自从……那以后……，我就再也不是我自己了……我甚至不知道我到底是谁。（沉默）我也不知道自己为什么要把这个秘密告诉你；我以前从来就没有告诉过任何一个人……

吉妮：我想我明白，你已经尽力做了一切该做的事。

克里斯蒂安：我刚刚好像是自己把自己给毁了。这个秘密以前是供应我某种力量的来源；现在我已经失去它了。噢！吉妮，你能不能让我自己一个人静一静？这样我会觉得好过一点……

吉妮：不，因为我有事情要告诉你。我想你也能够感受到我
　　有什么讯息要传达给你，所以你才会主动写信给我。

克里斯蒂安：我跟你其实根本不熟……你吓到我了……你眼
　　里好像有什么东西，让我觉得很害怕。你知道一些什么
　　事，而你所知道的可能会毁了我。

吉妮：**克里斯蒂安**，我弟弟知道你爱着他。

克里斯蒂安：他知道！

吉妮：他后来就知道了。当他心中的犹豫期已经顺利度过，
　　知道这件事不再会对他造成威胁的时候，他就知道
　　了……因为他再也不会因为知道这件事而受到试探。

克里斯蒂安：你为什么要说这是试探？我们本来是可以幸福
　　快乐地生活在一起的。（她的泪水泉涌）我不明白这样的
　　幸福为什么要被牺牲……我并不想……我不能……

吉妮：我弟弟在临终前那几个月背负着你的爱，就像背负着
　　他自己的十字架一样。他将此奉献……

克里斯蒂安：那是不可能的事……他怎么可能会突然明白，

一直以来他都盲目无知……我的意思是：他还活着的时候应该是一无所知的。

吉妮：我们永远也不会明白真正的原因。但是我可以向你指出一个特定的日期，没错，就在某一个特定的日子里，在他每天早晨都会写下一些记录的那本记事本里面，有一段记录他来不及销毁，我想他其实也没有打算要销毁，他写着自己对你产生了一种极深的关切……我想那是在他曾经做过一个梦以后的事……

克里斯蒂安：(怀着某种期望)什么时候的事？也许我们可以发现……发现与这个时间点吻合的某些事情。

吉妮：那是一个很普通的梦，我想没有什么特殊性，不是类似异象那一类的。克里斯蒂安，你得了解，他做的那个梦并没有对他造成任何困扰，但是那个梦好像让他内心突然觉醒了……我该怎么说？……他觉察出自己对你负有一种神秘的责任……对，一种灵性的父爱。他突然在某个时刻发觉到，他对上帝的委身可能使你陷入了绝望……谁知道呢？也许甚至是让你陷入一种毁灭的地狱。这件事情绝对不该如此发生，所以从那个时刻开始，他开始热切地为你祈祷，希望你能够蒙受光照……

克里斯蒂安：（激动地）我恨这一切……

吉妮：克里斯蒂安，你难道不觉得有一部分的你自己，也许就是最珍贵的那部分，也许就是唯一有价值的那部分……

克里斯蒂安：（讽刺地）我的灵魂。

吉妮：没错，你的灵魂。你的灵魂在你现在所过的生活当中，是否能够显现出来呢？

克里斯蒂安：（不情愿地）不，那不是我的灵魂，那只不过是描摹灵魂形象的一格讽刺漫画罢了。虚伪的仁慈只能启发谎言。或许是虚伪的爱吧……（沉默）现在好像突然有一道光线照到了我身上，我一时之间看不清楚。吉妮，这样的事情难道真的有可能发生吗？（她以恳求般的眼神望着她）你跟其他人没有什么两样，就像我认识的所有人一样，你的脸面并没有向我传达出任何意义，只除了你的眼睛……你的眼神让我感到害怕。我还记得，以前我们都以为你很迟钝、温吞，好像你对什么都没感觉一样。你总是捉不到笑话的笑点在哪里，这让我觉得很厌烦，但是我这样告诉杰克的时候他也只是笑……后来我知道了他的计划……我更无法忍受你，因为你一点也没有因此感到悲伤。然后你结婚了，大家都说吉妮嫁给一个花花公子，那听起来也让人觉得很……可是我们从来没有真正了解过彼此，我们从来没有真正了解过别人……现在，却是你，你来交给我这一把照明的火炬，这个无法被抹灭的真相，我必须要带着这个活下去。吉妮，到底是谁派你来的？告诉我，到底是谁？

吉妮：（温柔但极认真地）克里斯蒂安，你现在问的……可怜的丹妮是不是也曾经问过相同的问题？

克里斯蒂安：你为什么提起丹妮？

吉妮：我偶然间知道前阵子她自杀死了。虽然我也说不出来为什么，但知道这个消息让我急着要到这里来，要告诉你我们刚刚说的那些事情。之前我本来还在犹豫的，我本来不确定自己到底该不该告诉你。

克里斯蒂安：所以，这就是关联所在。

吉妮：真相本身就是关联所在。

克里斯蒂安：（苦涩）你也太有把握了一点。我知道每一件事在你眼中看来都那么简单。我们好像不是生活在同一颗地球上。我生活的世界就像是一个破碎的世界……

吉妮：或许是，但它还没有能够绑架你的灵魂！你刚刚才
　　　说……其实，我一点也没有比你强壮到哪里去，相信我。
　　　如果你知道……（细语）我没有办法忍受在我和我丈夫眼
　　　前等待着我们的那种未来，那种漫长的艰辛岁月。我几
　　　乎就要把他会永远瘫痪的真相告诉他了，因为我确信他
　　　如果得知真相一定会自杀，而这会是一个解脱。没错，我
　　　的确曾经这样想过。

克里斯蒂安：所以呢？

吉妮：喔！我祷告！虽然没有任何热情，只是例行公事般祈
　　　祷……然后那试探就渐渐消逝了。然后，我知道它还会
　　　再回来，我知道它会……克里斯蒂安，你得为我祷告。

克里斯蒂安：祷告？

吉妮：现在你已经有一个守护圣者了。

克里斯蒂安：吉妮，你想他现在能看到我吗？

吉妮：他在看着你，他了解你。现在你知道了。

　　　（两个女人在沉默中拥抱彼此。）

罗伦：(进来)很抱歉打扰你们，不过如果你真的想要跟我一起出门的话……

吉妮：对不起，我在这里待太久了。

克里斯蒂安：(以深刻认真的态度)吉妮，我会试着按照你所希望的去做。

吉妮：(简洁地)谢谢你。

(克里斯蒂安送吉妮出去大约有一分钟的时间，罗伦紧张地踱步。)

罗伦：(不悦)你们可真够掏心挖肺的啊！

克里斯蒂安：她刚刚给了一份，我有生以来所收过最棒的礼物。

罗伦：真皮制的文具套组吗？

克里斯蒂安：不是。

罗伦：当然不是，我们到底还要不要一起去克兰夫人家？

克里斯蒂安：我突然间觉得好疲累。

罗伦：我就知道。算了，反正我自己去。

克里斯蒂安：请你留下来陪我好吗？

罗伦：什么？

克里斯蒂安：晚上我会拨个电话去道歉，说我们不过去了。

（一阵沉默。）

罗伦：刚刚，你为什么说我不敏感？

克里斯蒂安：我让你感到沮丧吗？

罗伦：你那时候到底想跟我说什么？

克里斯蒂安：（认真地）你真的想知道吗？（沉默）我很难过，因为我们两个人其实都不愿意面对真相。你不敢听实话，我也不敢说出真相。也许正因为说出事实真相就表示得倾听真理……

罗伦：我不懂。你的口气整个都变了，跟平常的你完全不
一样。

克里斯蒂安：那是因为刚刚发生了一些事，就在这里，一个小
时前。一些出乎预料的事情……一个神迹。

罗伦：你真的过分激动失态了。

克里斯蒂安：我向你保证，我的用词一点也没有夸张！罗伦，
你为什么这么严厉地看着我？

罗伦：我不相信……神迹……无论如何，我想你也许不用再
继续说下去。

克里斯蒂安：为什么？

罗伦：我不知道刚刚发生什么事，不过恐怕我对这类事情没
什么好感……你说的那份礼物，真正价值几何？或许我
会坏了你的兴致。

克里斯蒂安：这跟我的兴致完全没关系。你是在自欺……你
吓坏了。承认吧！罗伦，你其实非常软弱，如果我当初不
是察觉到你的软弱，或许我根本就不会答应嫁给你。然

而,你最大的错误就是你不承认自己的软弱。你不敢承认,好像我会借此占你的便宜还是怎么的……

罗伦:你这一类的责备,我早就听腻了。

克里斯蒂安:但是你曾经鼓起勇气接受我的责备吗?而这个,你自己知道,这就是你最不堪的软弱之处。

(沉默。)

罗伦:(痛苦地)也许你说的没错。

克里斯蒂安:刚刚进来这里的那个可怜女人……她是真理的精神。

罗伦:真理的精神!

克里斯蒂安:这真理的精神必定也感动了你,否则你刚刚不会承认我说的没错。罗伦,你知道……

罗伦:你连声调都变了。

克里斯蒂安:我从来就没有爱上过安东诺夫……

罗伦：克里斯蒂安！

克里斯蒂安：事实上，是你逼得我不得不……

罗伦：你解释清楚！

克里斯蒂安：我早已渐渐明白，你见不得我这么，要怎么说？这么受欢迎，有这么多人欣赏我。事实上，你宁愿我受辱。

罗伦：我没有！

克里斯蒂安：你记得吗？……噢！我也没办法解释我是怎么体会到的，不过我就是发现了，清晰透彻而无疑惑，我后来的经验也证实了我的猜测。我的计划成功了，这就是最糟糕的地方，我的计划远比我所想象的还要成功数倍！

罗伦：我……我是同情你。

克里斯蒂安：喔，不，看清楚点吧！你称之为同情的心理，其实只是你的虚荣心终于报了仇。这种心态太过卑劣，你甚至不敢承认。然而，就在这时，我必须坦承……我真的鄙视你。你那种可怜我的同情不是我长久以来渴求的感情,而是一个糟糕又可笑的讽刺。从那天起,我感到前所未有的孤独。再也没有任何可以倚赖你的可能了。即使在我内心的最深处,对你的信赖也已经消逝殆尽。在我羞辱你的同时,我其实更深地羞辱了我自己……就在这个关键时刻,吉尔勃特又再次向我示爱。以前已经有过无数次这样的经验,我都以一种轻率的态度拒绝了他,开个玩笑,或是耸耸肩膀。然而,他在我眼里突然变得珍贵无比,我需要他。我再也无力抵抗他的要求。

罗伦:(苦恼的叫声)噢!不!……

克里斯蒂安:这不是因为我爱他,而是因为我迫切渴望有人爱我。

罗伦:别再说了,我受不了。(沉默)我难道糟糕到活该受这种对待吗?

克里斯蒂安:我只知道,我现在所受的痛苦都是我自找的。我不只为我自己感到可耻,我是替我们两个人感到羞耻。

罗伦:(苦涩地)所谓的"我们俩",真的存在吗?

克里斯蒂安:你犯的错也等于是我的错;你的软弱,也就是我

的软弱。我的……罪……，如果罪这个字能有任何意义
的话，你也有一份。

罗伦："罪！"……显然，她的来访……

克里斯蒂安：我们俩并不孤独，在这世上没有人是真正孤独
的……罪人之间彼此相通……正如圣徒相通一般。

罗伦：这些事情跟她的拜访到底是怎么拉在一起的？她来我
们家到底想要干吗？

克里斯蒂安：（苦恼）我现在没有办法向你解释……我保证以
后会告诉你。

罗伦：噢！又有另外一个秘密……好吧！无论如何，现在
你……你已经自由了……如果你想要有个新的人生，跟
另外一个人重新开始……我不会拦阻你。

克里斯蒂安：（深刻地）罗伦，我是你的妻子。

罗伦：我不知道……我不懂……你背叛了我，而我从来就没
有想过你会背叛我。

克里斯蒂安：可是，在过去我给予你的这种信赖感背后，难道不是隐藏了一些别的情感吗？……某种恨意……？有时候你甚至宁愿我干脆死了倒好，不是吗？……

罗伦：你得明白，如果要是我失去了你……至少我还可以哀悼哭泣。我所承受的痛苦还可以有个纾解的管道。过去你的存在一直堵塞了这个管道，然而现在……

克里斯蒂安：（庄重地）我发誓，从今以后，我完全属于你，只属于你一个人。我现在已经是被解救了的人……就像终于从一个好长的噩梦中醒来。现在，一切的关键都在你，都看你了……

罗伦：（仿佛处于一种恍惚状态）就好像你从死里复活，回到我的身边来……

克里斯蒂安：（谦卑地）我对你的承诺，我会努力去做到。

（幕下）

附录一

马赛尔的剧本《破碎的世界》
——一个存在性的诠释

前　言

这篇文章是为诠释学所作的一个范例,它的焦点是借由对马赛尔的名剧《破碎的世界》的诠释来了解诠释的技巧。笔者选择此一剧本,因为这一剧本含义丰富,可供吾人逐步深入,一展诠释之长;再者,这也是详示马赛尔哲学的文学性的良机。

诠释学有其自己的历史,我们可以轻易地举出几位大师之名:狄尔泰(Wilhelm Dilthey, 1833—1911)、施莱尔马赫(Friedrich Daniel Ernst Schleiermacher, 1768—1834)、布特曼(Rodolf Karl Bultmann, 1884—1976)、海德格尔、伽达默尔(Hans-Georg Gadamer, 1900—2002)、利科等,来说明它的发展史。胡塞尔本人也许不能被称为诠释学家,但当代诠释学确实发祥于他。他的弟子海德格尔和利科是诠释学派的领导者。他们两位代表了两种哲学背景,一是现象学,另一则是存在哲学。海德格尔是我们这个时代的现象学大师,而利科的哲学思想则受到法国早期的存在哲学家马赛尔极大的启发与影响。稍后,他才投入胡塞尔的作品作深入的研究。海德格尔把现象学用到存在哲学,为解释"存有"与"此有"的含义。利科则从解释学的语言与现象学的洞察来深化存在哲学。他们两位都把两个不同学派的精髓作了整合,企图发展出某种具有原创性的哲学。今天如果我们要把一位哲学家贴上诠释学家的标签,我们先该指陈他与现象学或存在哲学的关联,才能竟功。不然的话,他或许可以称哲学大师,但与诠释学只有遥远的姻族关系。

这就是为什么在本文中我们要指出马赛尔是法国现象学的先驱。然后,我们也将指出马赛尔的诠释学方法。

一、马赛尔是个现象学家吗?

狭义地说,马赛尔不是现象学家。现象学的创始人是胡塞尔,他的学生是舍勒(1874—1928)、海德格尔、哈特曼(Eduard von Hartmann, 1842—1906)、兰德格雷贝(Ludwig Landgrebe, 1902—1991),芬克(Eugen Fink, 1905—1975)等德籍哲人。稍后,法国哲学家如列维纳斯(1906—1995)、萨特、梅洛-庞蒂(1908—1961)、利科等也加入了这个行列。他们有的亲炙于胡塞尔,有的只是通过勤读胡塞尔的作品(包括赴德进修),而将自己转化为此新学派的追随者。然而马赛尔既非其一,又非其二。他在求学阶段从未跨出国门。但是由于德文是他的第一外语,他可以用德文阅读原典。因此我们在他的哲学和文学作品中看到他引用过海德格尔、雅斯贝尔斯,甚至胡塞尔。但他似乎没有怎么受胡塞尔的影响,也许这应归因于他特殊的气质、兴趣与对生命反思的样态。我们或许可以说,那是因为胡塞尔关注的是认识论的问题,而马赛尔所关心的是生命本身。但令人诧异的是《现象学运动》一书的作者施皮格伯格①在介绍法国现象学时,竟把这位非胡塞尔派的哲人放在法国现象学家的首席,把他视为法国现象学运动的始祖。此外利科在他的《马赛尔与现象学》②一文中清楚地指出胡塞尔、马赛尔二位的异同。利科不避讳地采取偏向马赛尔的立场,显出他自己的哲学更具存在性,而非胡塞尔的认识论式的。无疑地,1973 年该文发表时,利科是当时承自现象学而发展成诠释学的数一数二的人物。就以这个学派的主导者而言,利科明显地在扩大现象学包含的范围,他认为纵使一个并未直接与胡塞尔现象学有关,但深入地细察过存在现象的哲学家,也可当之无愧地被称为现象学家。他应当完全赞同施皮格伯格关于马赛尔的观点。施皮格伯格说:

　　马赛尔的《形上日记》确切地显示给我们该书作者的

---

①　H. Spiegelberg, *The Phenomenological Movement* (The Hague: Martinus Nijhoff, Third revised and enlarged edition, 1980), pp.448—469.

②　Paul Ricoeur, "Gabriel Marcel et la phénoménologie", *Entretiens Autour de Gabriel Marcel* (Neuchâtel: La Baconnière, 1976), pp.53—74.此文发表于 1973 年 8 月下旬的一次哲学圆桌会上,马赛尔也在场,其两个月后去世。

思考模式。马赛尔生动活泼地记录一个个新鲜、令他诧异而前哲从未接触过的新现象。新现象引申出新的问题，再激发出新的视野。他不轻忽半途出现的困难。他最在意的是不要压制这些不寻常的现象。因此《形上日记》名副其实地显出一种真实现象学的特色：渴望发现新的及被忽略的现象，努力使它们明朗化，企求找到新的角度和新的进路，将之综合入有永恒价值的重要论说中去。[1]

假如马赛尔是个现象学家，他是一个与胡塞尔非常不同的现象学家，也与其他现象学家殊异，不论他们是存在哲学家与否，因为以内容及文体来说，他有无法归类的原创性。利科在前述的论文中对马赛尔与胡塞尔两位大师作出清楚的分析：

　　三十多年来，我一直追随着这两位老师。事实上，就在 1934 年，我同时在《观念 1》和《形上日记》两书中发现了胡塞尔和马赛尔。此后，我总不休止地追随着这两位老师，我一直要还我欠他们三十多年来的债。我翻译了胡塞尔的《观念 1》，于 1950 年出版，也写了一本比较马赛尔和雅斯贝尔斯的书，于 1948 年出版。[2]

———————

[1]　Spiegelberg, *op. cit.*, p.463.
[2]　*Entretiens*, *op. cit.*, p.53.

　　这些陈述清楚地展现了现今已成西方哲学大师的利科与胡塞尔、马赛尔二哲的关系。他认为在他早期哲学的旅途中曾受惠于这两位大师的启发。马赛尔和胡塞尔两人创造性的概念与非传统性的方法学使年轻的利科着迷，却也决定了他往后的哲学视野。那么这两位现象学家的主要思想内容是什么呢？它们之间的相似点与差异点又为何呢？为何利科在评估两人时，会倾向马赛尔呢？

　　施皮格伯格列举数个现象，是他写马赛尔的现象学一章中所提到的：死亡、自杀、恐惧、生命、神圣、焦虑、身体、有、投身、参与、见证、可全在性、归属、创造性的忠信、邂逅、家庭等等。

　　利科集中关注一个特别的观点：有。

　　利科认为对马赛尔而言，在其"所有"与其"所是"两者之间的区别，足够说明一种新型态的形而上学。因为从人的身体到其存有之间的内在关系，是与有的隔阂终于被超越了。"我的身体"不仅是一个我可拥有的事物，它更侵入到我这拥有它者的自身。"我的身体"是我的主体际性的共同拥有者。"我的身体"与我共同拥有我所有的"有"。"我的身体"就是"我"，因为"我"不是纯精神，而是一个与身体结合到密不可分的精神，我是一个"取体存有"（incarnated being）。"我的身体"与"我"的一元关系（immediate）是一个"有"参与"是"的特例。从这里，他逐渐发展出与"问题"不同的"奥秘"的概念。我的身体和我的关系是"奥秘"，不是"问题"。我无法把它界定、把它分折或化约。对"身体"概念的深入思考,使他把概念导入存在,令"是"与"有"的讨论落实,而成就了马赛尔式的存在哲学。"有"牵涉渴望占有和害怕失落,"是"引发的是同在、互为主体性,临在和爱的正面经验。

利科在上述分析中看到马赛尔与胡塞尔在强调现象学进路及方法上有类同之处,如描写的重要、本质分析的兴趣,以及转移想象的技术等。但利科立刻指出他们两人在出发点上已有所不同。这是有关还原(reduction)、放入括号等观点。为了使事实的本质明朗化,胡塞尔要求暂时悬置对实在界的自然信任,把感觉、信念及存在性的关联放入括号。客体在意识之流中化为意向性的"所知"(noema)。大量的意向性行动的汇聚构成了客体的可认性,而得以把握客体的真义。

另一方面,对胡塞尔,主体性也是在意向性中发现的。自我在意识之时间流中意向着一个意义。还原所启示的主体不在延续的时间中,而是一种注视着某物的能力,借之,意识能扣住过去的印象及预测未来的经验。[1]主体与客体有"能知"(noesis)与"所知"(noema)的相应关系,二者在同一个意向之意识流中是同质的。意义是被意向的,而不是意识本身。利科称胡塞尔的现象学为意义的哲学。[2]

利科认为马赛尔、胡塞尔二人的原初动作不难解释。对

---

① *Entretiens*, *op. cit.*, p.57.

② *Entretiens*, *op. cit.*, p.58.

马赛尔来说,这是"含意性的有"(having-implication)①,对胡
塞尔来说,这是还原。二人虽然都尽力地要通过直观描述或
推理,捉获现象的本质,但他们的研究成果大不一样。马赛
尔反省"有"的现象,使他了解"是"的无法剥夺的本质。临
在的前逻辑的经验走在怀疑之前。存在的完整意义只在临
在中启示出来,那是一种彻底投入的情境,一元化参与。这
种经验是认知和寻获意义过程的绝对预设。他者的存在性
的启示不是客观式的合法、隔离或独立的自我,而是在互为
主体之临在中的一个"你",或一个潜在的"你"。此类关系
发生在存在场域,而非在意识内。此处意向性指向一位活生
生的他者,而不是一个意识流中之"所知"。马赛尔的鲜活
情境与胡塞尔的理则处境截然不同,后者被马赛尔评为"思
想针对着自己给客体赋予的绝缘"②。绝缘不是别的,而是
临在关系的破裂。如果说还原是把存在的联系放入括号,那
就是破裂。原先不能还原和简约的临在被简约了,为了使一
个合法的、客观的实体出现。如此的还原变成一个制造客体
的有力机器,为增加客观全体的内容提供服务。保持距离、
无关心、拔根(déracinement)等概念就随之而来。利科不加
思索地说:"还原只能是使现代思想呻吟之拔根体验的一种说

___

　　①　马赛尔以后用"奥秘"代替"含意性的有"。后者在《是与有》中出现,主要
为与"占有性的有"作对比,以人之身体为例,说明身体不是被有的,而是"同有
者"。身心同为其他一切"有"之"有者"。参阅《是与有》(台北:商务印书馆1983
年版,第152、154、157页)。
　　②　同上书,第60页。

辞而已。"①

马赛尔的哲学似乎要给"神圣的"存有保留无法被知识论企图入侵的空间。这就是他强调的存有相对于客体性的优位。活生生的身体、您、深沉的感觉、存有化(existentiel or ex-istential)②的经验都是此类的现象。它们顽强地抵抗逻辑思维。这些现象一旦中了客体化的毒,就泡沫化地不见了。因此能为科学认知大显功能的还原和放入括号,绝对不会使存在繁荣,而这才是马赛尔的主要关怀。

另一个可以比较马赛尔、胡塞尔二人思想的要点是互为主体性。利科诠释胡塞尔的主体际性如下:胡塞尔的主体性概念分割在普遍性和特殊性之间。普遍性是使它的知识论功能最后得到合法认可的基础,而特殊性则来自它的彻底的时间性结构。这种矛盾引发了胡塞尔的主体性概念。如果主体必须是最终的基础,唯一可行之道是找到一种集体的、普世大公的团体,其内的个别主体可增至无限的数目,由他们一起来承担普遍性的职责。③

因为胡塞尔的主体具有时间的特性,所以它的普遍性就必须由团体来加以保证。缺乏了这样一个团体的支撑,这个主体在还原过程的终点会使人发现它根本无法具有作认知基

---

① 《是与有》,台北:商务印书馆1983年版,第59页。
② "Existentiel"说明无价值或低价值之人或物在一次际遇中突然改变成有价值的存在。参阅拙著《马赛尔》,台北:三民书局1992年版,第123—130页。
③ 同上书,第62页。

础的功能。但如何去找到具有科学有效性的团体呢？他的答案是感知世界，这便是一个主体团体的共同世界。但原则上感知世界是应当被置入括号的，为照明直观的本质，这个方法就包含了矛盾。它不去寻找互为主体的实相，却努力建立一个彻底和超验的自我（transcendental ego）及一个以自我为主的世界。唯我主义（solipsisme）在这种情况下是无法被克服的。因为与我不同的观点都被排除到括号里去了。自我与他我是绝缘的。自我的经验成为唯一的原始经验，而他我的经验是从上述的原始经验中引申出来的。利科的分析使人看清原初的唯我主义在胡塞尔的方法中，不但未被消除，反而更被肯定。利科宣称："如果我们不从他者不容置疑的临在出发，我们永远不会与这个临在重新连接。"①

自此以后，利科偏向马赛尔的立场愈形明显。互为主体性不仅仅是一个概念而已，它是一个具有存在性格的人生实况。它是一个要人去活出来的真理。要把这个现象完全相符地书写出来，似乎无人可取代马赛尔这位存在思想家。这也是马赛尔对现象学的杰出贡献。

马赛尔认为"他我"（the other ego）的实在不是通过探测或推演而得的，是靠爱和忠信的经验感受到的。利科对马赛尔发现一个令人悸动的词汇"你"大加赞赏地说："马赛尔不尾随着知识论的论调称别人为'他我'，但说'你'。这个借自呼

---

① 《马赛尔》，台北：三民书局1992年版，第65页。

吁(invocation)的一个极美的单字,直接地显示出他改变哲学进路的意愿。"①这个"你"的上场,就像以前的"我",为一个全新的存有学揭幕。这是一种有交通性,含容着人与人之间难以理清的关系形上学。简言之,人的存在满布着戏剧性的情节。在戏剧的对话中呈现的绝对不是抽象的主体。在戏剧中每一角色的原来面目都得保留。有关于这些人物的真谛是通过他们的思想和感觉直接说出来的。那时候,他们一个个的"你"还没有转化成有关"你"的理论或哲学。存在的戏剧开展得非常自然,不必预先筹划。言语、动作、思潮搅在一起呈现为一个存在一致性。正因如此,我们观察到原创思想和突发言语的爆现(*pensée pensante*,*parole parlante*),和新的字一起异军突起,使智能、价值和意义终于诞生于人间。主体们一一投入同一的剧情中,寻找一个可以将他们从往往令人绝望的处境中获得解放的真理。他们找到了"我们"这词来取代了"自我"。胡塞尔的自我不是这样的。利科说:"从胡塞尔的还原滋生的自我,是一个对一切保持距离的思想者,可以说,是不躬身参与者。"②

到此阶段,胡塞尔、马赛尔二位的全景清澈可见。马赛尔对存在的存在性探索远远超出了胡塞尔现象学的狭隘的关切向度。诠释学寻寻觅觅,终于找到了属于自己的评估立场和体系。当代现象学和诠释学泰斗利科直言不讳地宣称人的现

---

① 《马赛尔》,台北:三民书局 1992 年版,第 65 页。
② 同上书,第 69 页。

象的客观性不能通过一个知识论式的还原过程，而是通过具体的互为主体的经验才有获得的可能。

直到这里，我们一直在尝试阐明马赛尔与现象学之间的微妙关系。我们引用利科的一篇文章来说胡塞尔、马赛尔二人在哲学进路和方法上的差异，以及因此差异而产生的二人对主体及互为主体性的不同观点。利科直称马赛尔对人的现象提供了一个更使人满足的描述。虽然马赛尔无缘拜胡塞尔为师，毫无疑问地，马赛尔是一位真正的现象学家。另一位作家赫林回应利科说："我们相信可作如下断语，即使德国现象学不为法国所知（如果这是可能的话），法国本身亦会萌生一种现象学；而这种可能性，大部分来自马赛尔的影响。"[1]

此外，正因为马赛尔、胡塞尔二位的风格迥异，马赛尔不必如胡塞尔之门生要花不少心力来挣脱正统现象学内含的唯心论枷锁，海德格尔和舍勒便是其中二位。[2]马赛尔处理存有的问题不必转弯抹角，可以直接地诠释人的存在。对他，从存有（being）到大存有（Being）是有通道的。如果说马赛尔有现象学家的身份，那是因为他诠释现象。我们来试读他文本中包含的存有讯息。我们选择《破碎的世界》一剧来逐步进入这

---

[1]　Spiegelberg, *op. cit.*, p.448. 陆达诚：《马赛尔》，第 5 页。

[2]　本文作者并无贬低海德格尔和舍勒的意向。在比较马赛尔和胡塞尔时，他只希望介绍利科长期省察存在现象的成果，期能以他的高见对后生收拨云见日之效。用不同的方法都是在追索存在的真谛。

位法国现象学家的形上天地。

二、一个例子:《破碎的世界》

《破碎的世界》是四幕剧,发表于1933年。该剧有一个附录《存有奥秘之立场与具体进路》。①此文是马赛尔于同年1月21日在马赛市给该市的哲学协会演讲的稿子。此文之重要在于它不同于马赛尔以前的《形上日记》,充满灵感而无系统。这篇长文是马赛尔第一次把他的洞见系统化地向我人呈现。吉尔森把它与柏格森的《形上学的导论》(Introduction à la métaphysique)一文并列,称之为20世纪法国哲学二个最重要的文件。②由于马赛尔在许多场合一再强调他的剧作常比他的哲学先走一步,我们相信让剧本自己表述比建构一篇学说理论来陈述该剧的哲学涵义更符合他的心意。

《破碎的世界》的剧情如下:

克里斯蒂安在结婚前私下倾心过一个年轻人。而就在她要向他表达爱意的前一刻,那个男孩公开宣布了他要入本笃会当修士的消息。从那时起,世上的一切都不再能引起她的

---

① 该文已由本人译成中文,发表于《哲学与文化》,第九卷,第7—8期(1982)。此文后来收入拙著《存有的光环》,台北:辅仁大学出版社2002年版,第269—308页。1972年笔者在法国写论文时,曾赴马赛尔府请益。当马赛尔知道笔者研究的题目是《奥秘与意识》时(附带说一下,此题目是由笔者的指导老师列维纳斯所指定的),一再叮咛笔者一定要细读《存有奥秘之立场与具体进路》一文。

② Etienne Gilson, ed., *Existentialisme chrétien: Gabriel Marcel* (Plon, 1947), p.2.

兴趣。她的生命失去了重心，活得毫无意义。当一个深爱她，而她对他无甚感觉的罗伦·谢奈向她求婚时，她轻易地便委身于他，亦不觉做错了什么。为了排遣单调乏味的婚姻生活，她几乎疯狂地投入社交圈。因为她美丽伶俐，平易近人，很快就成为中心人物。她的丈夫罗伦与她相反，是一个沉默寡言的高级公务员。没有人会注意到他的存在，他的标签只是克里斯蒂安的丈夫。克里斯蒂安渐渐发现罗伦对她的社交成功非常嫉妒，似乎乐意看到妻子被人冷落。她出于一种病态的同情，制造了一个谎言，谎称她爱上了她厌恶透顶的俄国音乐家安东诺夫。当这个谎言对罗伦构成莫大的冲击时，她整个地解体了，顺着无法抗拒的驱力，投入到一个小她五岁的男子的怀抱中。这个男子名叫吉尔勃特，非常爱她，而以前她对他只有普通的友谊。就在他们二人计划私奔，逃入完全空无的幻觉世界时，她听到了以前心仪的男友在隐修院去世的消息。而这个修士是她唯一的真爱。在这关键时刻，修士的姊姊吉妮来访，告诉她一个奇异的故事：她的修士弟弟在斗室弥留时，可能是在梦中，获悉了克里斯蒂安对他的挚爱，突然领悟到自己有些像她精神上的父辈，而对她有种神秘的责任。修士的姐姐透露说：

> 他突然在某个时刻发觉到，他对上帝的委身可能使你陷入了绝望……谁知道呢？也许甚至是让你陷入一种毁灭性的地狱。这件事情绝对不该如此发生，所以从那

个时刻开始,他开始热切地为你祈祷,希望你能够蒙受光
照……①

克里斯蒂安抗拒神圣化的爱,这与她渴望的爱太不相似
了。但慢慢地有一道光透射进来,这道光,马赛尔称之为第二
反省。请听马赛尔自己如何解释:

> 她终于了解她心灵最深处隐存的真理。这个真理,
> 是她一直不愿面对,却要努力将之摧毁的。她看到了过
> 去主控她生命的不是自己真正的灵魂,而是它的漫画替
> 身。伪装的同情不停地复制谎言。在这个内在洞见的光
> 内,她与丈夫的关系也有了一个崭新的基础。她承认她
> 犯了大错,体认不单圣者之间有相通关系,罪人间亦有
> 之。毫无疑问,二者又不能截然划分。②

为使读者更充分跟随剧情,笔者对剧中人再加一些补充。
主角克里斯蒂安,33 岁,极富魅力。表面上,她活在一个人人
称羡的环境中:她的家庭很富有,丈夫有令人艳羡的职位,他
们有一个 9 岁的儿子,在瑞士寄读。克里斯蒂安有一个童年

---

① 见本书第 285 页。《破碎的世界》一剧的中译本由辅大哲研所毕业生邱
其玉于 2009 年 7 月完成,作为她硕士论文《马赛尔哲学的具体性和开放性》的附
录。感谢邱小姐给予笔者使用其译文的许可。

② Gabriel Marcel, *Mystery of Being*, vol. I (Chicago: Gateway, 1960),
pp.168—169.

友伴丹妮，加上她的父亲和作曲家安东诺夫，还有两个知己：
一个是亨利，也是童年友伴，比她大 2 岁；另一个是比她小 5
岁的吉尔勃特，这些人组成了她的日常世界。在社交场合，克
里斯蒂安一出现，男女老少都会过来奉迎示好或献上甜情蜜
意。不论从哪个角度看，她绝不像一个潦倒的女性。但是钱、
人际关系、成功、才华、娱乐……无法给她幸福，无法体会内心
的平安和喜乐以及人格的整合。上面所提到的她有的美好事
物只是她的"所有"（the having）。"所有"再多也不能增加人
的"所是"（being，或称"存有"）。存有是"同是"（co-esse），是
人与人间的内在联结以及在真爱中的可全给自己的能力
（availability）。克里斯蒂安很了解这个事实，所以会说：

> 难道你没有这样的印象吗？我们都生活在……如果
> 还可以称之为生活的话……一个破碎的世界里。破碎，
> 就像一只停摆不走了的表。里面的发条已经不会动了。
> 从外面看起来，好像一切都还是好好儿的，没有什么改
> 变，每个零件也都还待在老地方。可是如果把表放在耳
> 朵旁边听一听，你就会发现听不到什么声音。要知道，世
> 界，或者这个我们叫作世界的东西，人类生活的这个世
> 界……以前曾经有过一颗心。可是现在那颗心似乎已经
> 停止搏动了。①

———————

① 见本书第 119 页。

事实上，克里斯蒂安讲的不是外面的客观世界，而是她个人的小世界，那里"每个人都有自己的小天地，属于他们自己的小玩意儿，各自的偏好。人们相遇，说白一点，只是偶然碰在一起。日子就是这么样过下来。……可是没有重心，没有生命，哪里都没有"①。在她的小世界中，那些奉她为偶像的人都无法满足她心灵的需求。她与他们周旋，但无法与他们有深度的沟通。所以她说："我根本就不爱任何人。"②但是她还有希望，因为她仍渴望着别人渴望她，别人爱她，邂逅别人，付出温柔。她同丈夫罗伦谈话中数次提到她需要一个真正的朋友，她希望他能够成为如此的朋友："你不让我接近你。你抽身……你躲藏……""我躲什么？""躲我……逃避我的温柔……"③

可怜的罗伦！这真是他的过失吗？他有过拒绝爱她吗？我不相信。问题在于罗伦根本无法靠近妻子。他们并不分享他们的兴趣、内心世界、朋友、社交圈。说实在，罗伦没有朋友，也没有个人的社交圈。他无法进入妻子的生活世界中去。他对他们只是一个"他"（he），一个他们谈论的题目，但不是"你"（thou）。罗伦亦承认他不爱任何人。他里里外外都是一个独我论者，而克里斯蒂安只内心如此。孤独感磨损着他们的日常生活，从而引发出悲凉、失望及荒谬的感觉。

---

① 见本书第 119 页。
② 见本书第 117 页。
③ 见本书第 145 页。

　　为什么两个誓许终身的男女不能相契？什么是那个可使破碎世界重新愈合的神奇因素？可能这个破碎的世界并不定位在人际关系的层面上，而是在人的灵魂深处。个人不再是不可分开者（un-divided），他内在地破碎了，他（她）内心的生命之泉已干涸了，他（她）不能自救，他（她）需要一个"他者"，一个新的能量把他（她）从深渊底层举拔起来，使他（她）可有内在的联结，使他（她）被治愈，活力充沛地复活起来。这可称为"存有的要求"（the exigence of being）。不是"所有"，是"所是"要满足他（她）的饥渴。缺乏存有，就只是活一个空洞的生命，他（她）"不是"（is not）什么。

　　马赛尔的剧本大部分是在一种充满辩证张力的气氛中展开的。剧中人物投入永不止息的讨论，结果把他们原有的缝裂开得愈来愈大。崩溃是可以避免的，如果他们允许外援（foreign aid）把他们从绝境中拯救出来的话。这是主体际性的奥秘。人需要"他者"来拯救自己。而主体际性的效力可以超越时空的当下。因为人的精神深处有一个联结众心的核心，它无形地在深处把人纠缠在一起。自我植根于"我们"。只在"我们"内，个体才存在。人无法在绝对的孤立中苟存。他（她）必须被他者的真心关切所哺养，而他（她）也应当乐意接受这种关切才行。这种助缘不是他者的一部分，不是人之"所有"，而是他者的整个"所是"，是他者的全然临在。马赛尔称之为一种"流溢"（a kind of influx），他说："临在是一种实在，是某种流溢。要不要使自己对这流溢成为可渗透的，这可由我们来决定。但是我们不能激发此流溢。创造性的忠信就是常把自己保持在可被渗透的状态之中。这里我们看到在自由的行为和善用自由而获得的思想之间有奇妙的交换现象。"这有赖于我们是否让自己被流溢渗透,但说实话,这个流溢并非由我们产生。创造性的忠信在于我们主动地努力使自己常留在一种可被渗透的情景中。在这个自由的动作及响应此动作而有的思想间有一个神妙的相互交换。

克里斯蒂安要从哪里找到使她破碎的自己得以重整的恩典呢?哪一种流溢应该流入她的心灵叫她脱离困境呢?哪一种爱会治愈这个受创的灵魂而使她敢于纵身一跃,跃出不存在的可怜处境呢?剧本给了答案:救助来自一个自我牺牲的爱情,来自一位无私的"你",来自一个热诚的,将其对象也包含在内的祈祷。这就是本笃会的莫里斯修士(Dom Maurice,原名:杰克·德克罗伊 Jacques Decroy)。以前使克里斯蒂安的世界破碎的人现在又来修复她。

杰克从未在舞台上出现,只是偶然地在丹妮与克里斯蒂安谈及索冷隐修院(Solesmes)出品的圣咏唱片时提到过他。观众或读者注意到只要一提索冷,克里斯蒂安就会颤栗起来。才华横溢的杰克①实在不难迷倒克里斯蒂安以及更多的女孩。他和克里斯蒂安认识了很久。然而他终于得到了一个神秘的召唤,要他奉献一生事奉天主。他在不明了克里斯蒂安

---

① *Cinq pièces majeures*, op. cit., "C'était une intelligence remarquable.", p.184.

对他爱恋的情况下,进入了隐修院,在那里克修福音的成全之道。读完全剧的读者会相信即使克里斯蒂安早些向他示爱,他也不会改变主意。可是这个男孩的圣召给女孩构成了一个无法弥补的严重打击。她的内心世界被击碎了。表里的发条已经不会动了。她虽然生还了,但没有力量去再造一个未来。她的真我随着杰克的隐失而消失了。她不再"是"。她的生命变成一堆把许多事件凑在一起的大杂烩。她的真我不在了。她的婚姻、社交、艺术成就、娱乐……都无法救拔她。与朋友们和丈夫永不休止的谈话只是语不及意的空话,不能带给他们亲近的感觉。这就是辩证思维的无效实况。谎言取代真实,模糊了远景,扼杀了交通。人被抛回自己。"你"不再存在。每人只为自己活着,为短期的目标奔走。

难怪在这样的世界中充斥着失望、自杀、出卖、不诚、欺诈;规模大些,则是凶杀、战争、帝国主义、独裁。但存有不会放弃自己的角色,它不会让自己被压抑下去,但把自己转化成一个存有的断言,本体需要(ontological need)在此表达无遗:

存有是必须有的,因为一切事物不可能化约到一连串不相关的表象游戏——"互不相关"是个重要的形容词——或者,借用莎翁的句子:(化约成)一个由白痴讲述的故事。我急切渴望以某种方式参与这个存有。或许这种需要本身实际上已是某种初步参与存有的事实了。[1]

---

[1] *The Philosophy of Existentialism*, op. cit., p.14.

对存有的需要及断言是被存有捉握(la prise de l'être)①
的副本。希望的最后一口气息来自"存有是"(being is)这个
信念。相信存有绝对不会放弃我。因着以往与杰克的亲密友
谊,克里斯蒂安仍活在与一个可爱的"你"分享的信仰中。

请听克里斯蒂安的自白:

> 其余就是我个人自己的事了,只牵涉我个人,也许上
> 帝也牵涉在内,如果真的有上帝的话,而我也不确定到底
> 上帝存不存在。我或许就跟你们其他人一样,什么也不
> 相信,什么事都能拿来当笑话讲——只除了那些震慑你
> 的苦难和死亡。我说这些不是特别针对你。我只是说我
> 里面有一个我自己都不认识的我,她不属于你们这一群
> 人。有一部分的我一直在寻找,企图要找到她自己,她偶
> 尔在极难得的时刻里会遇见自己,在另外一个世界里,一
> 个你不曾熟悉的世界。②

睡在克里斯蒂安灵魂内的未识存有现在由于一位他者以
其牺牲之爱将她唤醒并拯救出来。杰克的姐姐吉妮的来访把
该剧带上高峰。

吉妮听到克里斯蒂安挚友丹妮自杀的消息③,特远途赶

---

① 参阅《马赛尔》,第 160—161、215—216 页。此处有恩宠(grace)的含义。
② 见本书第 182 页。
③ 丹妮是克里斯蒂安的童年友伴,婚姻失败,夫妻各有情人。但丹妮之男
友又爱上第三者。在后者结婚前,丹妮服药自杀。

来告诉克里斯蒂安杰克去世前的故事,希望这个讯息可使克里斯蒂安不去做同样的糊涂事。吉妮本人并不起眼,但在剧中扮演了一个中介的角色。她的话和诚恳的态度赢得了克里斯蒂安的信任。她们两人有了一次真实的对话,一道光透射了进来。下面我们选择她们的部分对话,为描述重获存有的情节。

> 吉妮:我一直都知道。是的,当你们在西米耶一起玩的时候,我看出你跟其他人不一样。你是很不一样……我也说不清楚……虽然你已经被强烈的情感所征服,你深受感动却依然安静沉默。

> 克里斯蒂安:(非常轻柔地)被征服……你说得对。

> 吉妮:就在他告诉你他打算要加入本笃会的那一天前,我曾经见过你一面,而在你知道这个消息以后,我又见到了你。于是我对一切就都了然于胸了。你根本不需要跟我说些什么,那前后两次的印象在我脑海中还栩栩如生。之前是欢欣喜乐又充满信赖……之后则是……

> 克里斯蒂安:那么……你是唯一一个知道这秘密的人!

> 吉妮:你爸妈,你的朋友们,根本就没有人看出来!

> 克里斯蒂安:我们在那里没有遇到多少人。我妈可能有些疑心,不过因为我后来马上就病了,当然那场大病是有原因的,可是没有人注意到什么蛛丝马迹,我当

然也不会想要让他们知道。噢！你简直无法想象，那一次当他告诉我，他有心想要出家修道的时候，我本来已经打算要向他表白我的感情了……没错，我对他的爱情是一种美妙的体验，这样一份美丽的爱情，就跟你猜到的一样……完全征服了我……那一刻所承受的打击创痛，使我整个人的存在都带了伤。自从……那以后……，我就再也不是我自己了……我甚至不知道我到底是谁。(沉默)我也不知道自己为什么要把这个秘密告诉你；我以前从来就没有告诉过任何一个人……①

秘密一揭开，真我就呈现在他者和自己前面。这是自从杰克入隐修院后，克里斯蒂安第一次面对她的真我。就在此刻，她从另一端领受了这个真理。

吉妮：克里斯蒂安，我弟弟知道你爱着他。

克里斯蒂安：他知道！

吉妮：他后来就知道了。当他心中的犹豫期已经顺利度过，知道这件事不会再对他造成威胁的时候，他就知道了……因为他再也不会因为知道这件事而受到试探。

---

① 见本书第282—283页。

克里斯蒂安： 你为什么要说这是试探？我们本来是可以
　　　　幸福快乐地生活在一起的。（**她的泪水泉涌**）我不明
　　　　白这样的幸福为什么要被牺牲……我并不想……我
　　　　不能……

吉妮： 我弟弟在临终前那几个月背负着你的爱，就像背
　　　　负着他自己的十字架一样。他将此奉献……①

　　这个转折点是如何发生的呢？原来吉妮在弟弟去世后看
了他的日记而知道弟弟在一次梦中领会了克里斯蒂安因他的
抉择而忍受了多大的折磨。

吉妮： 那是一个很普通的梦，我想没有什么特殊性，不是
　　　　类似异象那一类的。克里斯蒂安，你得了解，他做的
　　　　那个梦并没有对他造成任何困扰，但是那个梦好像
　　　　让他内心突然觉醒了。……我该怎么说呢？……他
　　　　觉察出自己对你负有一种神秘的责任……对，一种
　　　　灵性的父爱。他突然在某个时刻发觉到，他对上帝
　　　　的委身可能使你陷入了绝望……谁知道呢？也许甚
　　　　至是让你陷入一种毁灭性的地狱。这件事情绝对不
　　　　该如此发生，所以从那个时刻开始，他开始热切地为
　　　　你祈祷，希望你能够蒙受光照……

——————

①　见本书第 284 页。

克里斯蒂安：（激动地）我恨这一切……

吉妮：克里斯蒂安，你难道不觉得有一部分的你自己，也许就是最珍贵的那部分，也许就是唯一有价值的那部分……

克里斯蒂安：（讽刺地）我的灵魂。

吉妮：没错，你的灵魂。你的灵魂在你现在所过的生活当中，是否能够显现出来呢？

克里斯蒂安：（不情愿地）不，那不是我的灵魂，那只不过是描摹灵魂形象的一幅讽刺漫画罢了。虚伪的仁慈只能启发谎言。或许是虚伪的爱吧……（沉默）现在好像突然有一道光线照到了我身上，我一时之间看不清楚。吉妮，这样的事情难道真的有可能发生吗？（她以恳求般的眼神望着她）你跟其他人没有什么两样，就像我认识的所有人一样，你的脸面并没有向我传达出任何意义，只除了你的眼睛，……你的眼神让我感到害怕。我还记得，以前我们都以为你很迟钝、温吞，好像你对什么都没感觉一样。你总是捉不到笑话的笑点在哪里，这让我觉得很厌烦，但是我这样告诉杰克的时候他也只是笑……后来我知道了他的计划……我更无法忍受你，因为你一点也没有因此感到悲伤。然后你结婚了，大家都说吉妮嫁给一个花花公子，那听起来也让人觉得很……可是我们从来没有真正了解过彼此，我们从来没有真正了解过别人……现在,却是你,你来交给我这一把照明的火炬,这个无法被抹灭的真相,我必须要带着这个活下去。吉妮,到底是谁派你来的? 告诉我,到底是谁?①

当克里斯蒂安知道了吉妮因为听到了丹妮自杀的消息而来看她时,克里斯蒂安了解到在事件与事件间都有连锁关系。但她不相信两个世界,一个破碎的,另一个未破碎的会相遇在一起。这时,吉妮讲述了自己的问题,她也需要帮助。吉妮的丈夫病入膏肓,无药可救,她很想把实情告诉丈夫,希望他以自裁终止许多人照料他的辛劳。所以她求天主不要让她陷于这个诱惑。她也需要别人为她祷告。当她向克里斯蒂安作此要求时,她把克里斯蒂安带入了另外一个世界,那是一个未破碎的世界,杰克的世界。

吉妮:喔! 我祷告! 虽然没有任何热情,只是例行公事般祈祷……然后那试探就渐渐消逝了。然后,我知道它还会再回来,我知道它会……克里斯蒂安,你得为我祷告。

克里斯蒂安:祷告?

吉妮:现在你已经有一个守护圣者了。

克里斯蒂安:吉妮,你想他现在能看到我吗?

---

① 见本书第 285—287 页。

吉妮：他在看着你,他了解你。现在你知道了。(两个女
　　　人在沉默中彼此拥抱)①

　　两位妇女的深度交流引领她们参与另一个丰盈满溢的存
有世界。她们在那里为自己大量充电,储蓄能量。静默是存
有临在的记号,是超越言语的灵魂结合。这时罗伦上场了,吉
妮告退。新的克里斯蒂安沉重地说:"吉妮,我会试着按照你
所希望的去做。"现在轮到克里斯蒂安来贡献她救赎世界的功
能:借着向绝对临在的神性的祢恳祷,给予世界能量和希望。
　　该剧最后一景描写这对夫妇的和好及双向的完全接纳。
已获解放的克里斯蒂安能面对真理并使它完成。她接受了如
此的一个丈夫,体认罗伦是她的真正的"你"。他们终于有了
一个真正的对话。过去的错不是一方构成的。两人必须克胜
他们被拆分的相互感觉。借着存有的加持,及靠近绝对爱的
那位杰克的中介,这对夫妇终于使一个"我们"诞生了,这是一
个互为主体的新存在。

克里斯蒂安：我只知道,我现在所受的痛苦都是我自找
　　　　　的。我不只为我自己感到可耻,我是替我们两个人
　　　　　感到羞耻。
罗伦：(苦涩地)所谓的"我们俩",真的存在吗?

———————

① 见本书第 288 页。

克里斯蒂安：你犯的错也等于是我的错；你的软弱，也就是我的软弱。我的……罪……，如果罪这个字能有任何意义的话，你也有一份。

罗伦："罪！"……显然，她的来访……

克里斯蒂安：我们俩并不孤独，在这世上没有人是真正孤独的……罪人之间彼此相通……正如圣徒相通一般。

罗伦：这些事情跟她的拜访到底是怎么拉在一起的？她来我们家到底想要干吗？

克里斯蒂安：（苦恼）我现在没有办法向你解释……我保证以后会告诉你。

罗伦：噢！又有另外一个秘密……好吧！无论如何，现在你……你已经自由了……如果你想要有个新的人生，跟另外一个人重新开始……我不会拦阻你。

克里斯蒂安：（深刻地）罗伦，我是你的妻子。

罗伦：我不知道……我不懂……你背叛了我，而我从来就没有想过你会背叛我。

克里斯蒂安：可是，在过去我给予你的这种信赖感背后，难道不是隐藏了一些别的情感吗？……某种恨意？……有时候你甚至宁愿我干脆死了倒好，不是吗？……

罗伦：你得明白，如果我要是失去了你……至少我还可以哀悼哭泣。我所承受的痛苦还可以有个纾解的管道。过去你的存在一直堵塞了这个管道，然而现在……

克里斯蒂安：（庄重地）我发誓，从今以后，我完全属于
　　　你，只属于你一个人。我现在已经是被解救了的
　　　人……就像终于从一个好长的噩梦中醒来。现在，
　　　一切的关键都在你，都看你了……

罗伦：（仿佛处于一种恍惚状态）就好像你从死里复活，
　　　回到我的身边来……

克里斯蒂安：（谦卑地）我对你的承诺，我会努力去做。
　　　（幕下）①

　　这个破碎的世界重生了，那颗心也重新搏跳起来。存在
的新动力无疑是那位在黑暗中祈祷的隐修士赢来的，他奉献
自己使丧失的灵魂得到救赎。而这个祈祷所以有效，得归功
于吉妮的仁慈和谦逊的中介。在本文的结论中我们要介绍一
下圣者的真谛。

三、结论：圣者

　　圣贤是一个与其他人没有什么不同的人。他可能犯过
罪，有很多过失。他的历史不一定是一本清白无辜、像天使般
纯洁的事件的记录。但他们经过长期的修持，与罪恶的倾向
作不妥协的殊死战，已经从私欲中解放出来。消去了自我，心

---

　① 见本书第 294—296 页。

灵获得大自由,才能在一切对象,尤其是软弱无助者,如婴儿、贫病的人身上看到可以关爱的"你"。原先平凡与缺乏光泽的面庞终能找到可以绽放内心光芒的对象。印度的特蕾莎修女就是一个极好的例子。

马赛尔说:"或许只有绝对无私的爱才能触及你。"①"没有比在孤独中祈祷的圣者更接近我们的了。"②因为他们接近了源头的绝对祢,在绝对祢中与一切你直接沟通,分享绝对爱的普遍性与绝对性。圣者虽然未撰一本存有学巨著,"但他活出这本书;因此在仁爱的阶层中,那是说,在存有的阶层中,圣者的地位远远高于哲士"③。

《破碎的世界》一剧幕后要角杰克修士虽未出场,但马赛尔的另一剧本《罗马不复在罗马》描述过另一位隐修士的面貌。下面是剧中人巴斯噶向他嫂子的诉述:

最奇异不过的事是我认为得一召唤的那一天早晨,我有了一次意想不到的邂逅。那是一位年轻的隐修士,他惊人的表情震撼了我,一直到我灵魂的深底,以至我虽然通常没有与陌生人交谈的习惯,这一次我无法阻止我自己向他说话。你无法想象那瘦弱的面庞所透射出来的

---

① G. Marcel, *Présence et immortalité* (Paris: Flammarion, 1959), p.160.

② G. Marcel, *Etre et avoir* (Paris: Aubier, 1968) vol.I, p.22.

③ 马赛尔给罗杰·特鲁斯方丹(Roger Troisfontaines)之书写的序中如此说。该书之名为 *De l'existence à l'être* (Louvain: 1953/1968), p.14。

微笑的纯洁……这，这是基督的微笑。①

圣者映射基督，他们是二而一。圣者与基督内的兄弟姊妹结合成一个"我们"，因而能在"圣人们的共融"②中发挥中介作用。许多原本无法达到在共融中自我实现的个体，逐渐也能借圣者之助而得以从俗世精神中超越，而终获得一个真正的个别性③。而圣贤若停留在独善其身的层面，他们就不再为圣："除非我想和我愿竭我全力使无以计数的生灵因别人的彻底奉献也关心祂（绝对你），我并不真实地把我自己提升到那儿。"④在马赛尔的剧本中屡次提到许多困扰在俗世情境中的人因别人的彻底奉献而得以解放，此以《破碎的世界》一剧为最。

马赛尔多次提到他的剧本导引他的哲学。那就是说，他的剧本萌发他的哲学灵感，他的剧本潜含着丰富的思想原质，要了解他的思想，应当回到他的思想原质——剧本中去探索。他又说，大部分研究他思想的学者，都不知道他的剧本内含的宝藏，而忽略了寻宝的努力。

笔者利用现象学研讨会的机会，借厘清现象学与诠释学

① G. Marcel，*Rome n'est plus dans Rome*（La Table Ronde，1951），p.143.

② G. Marcel，*Le Monde cassé*（Desclée de Brouwer，1933），p.249.

③ G. Marcel，*Journal Métaphysique*，p.83.

④ G. Marcel，L'Emissaire，in *Vers un autre royaume*，*deux drames des années noires*（Plon，1949），p.108.

的关系,引出利科对马赛尔和胡塞尔作的比较,肯定马赛尔对现象学的贡献。马赛尔对"你""临在""是与有""奥秘与问题"所作的精密分析,给现象学开辟了一片新天新地。他对"存有"的诠释是"同在"或"互为主体性"。他强调"在人类的命运中心有一个取汲不尽的具体"[①],这个具体是前概念、前抽象的。但是理性的运作不得不使用抽象的文字,因而往往出卖了真实的具体。补救的办法是用文学和音乐等媒体来把抽象引回具体。

马赛尔的剧本就是这样应运而生的。从《破碎的世界》一剧中,我们看到人与人内在相联的关系。缺乏临在的生命形同行尸走肉。"他"的增多并不能致富生命;换言之,这样的人不存在了,那只表不动了,他(她)的心已破碎了。但圣者的出现,因其自我牺牲和虔诚的祈祷,可以修补别人失去的临在。存有的修复需要圣者的介入,而圣者在孤独的生活中最接近那个具体的中心,故最能赢得他人升华的恩典。我们以"圣者"结束马赛尔对存有的诠释,交代了互为主体性的真正动力:是圣者使临在和爱之光又在世界上照耀和弥漫起来。本文提供一个解释马赛尔的现象学和其应用在诠释学上的范例。相信同类的方法亦可应用到其他作家和作品的研究上。

后　记

本文是为东吴大学英语系举办的"现象学与诠释学"研讨

---

① G. Marcel, *Du refus a l'invocation*(Paris:Gallimard, 1945), p.91.

会(1983年)所发表的论文,原用英文撰写,今应《哲学与文化》的要求,译成中文并稍加补充发表于该刊,为纪念马赛尔(1889—1973)冥诞120年。本译文得二位硕士襄助:钟佩真(辅仁大学宗教研究所,助译第一节之一部分),邱其玉(辅仁大学哲学研究所,提供本文第二节《破碎的世界》之译文),谨向二位同学致谢。

参 考 文 献

Gabriel Marcel,

Journal métaphysique, Gallimard, 1927

Le monde cassé, Desclee de Brouwer, 1933.

Etre et avoir, Aubier, 1935.

Position et approches concrètes du mystère ontologique, Vrin 1949.

Vers un autre royaume, Plon, 1949.

Rome n'est plus à Rome, La Table Ronde, 1951.

Présence et immortalité, Flammarion, 1959.

Le mystère de l'être I, II, Aubier, 1963/1964.

La dignité humaine, Aubier, 1964.

Entretiens Paul Ricoeur-Gabriel Marcel, Aubier, 1968.

Cinq pièces majeures, Plon, 1974.

Gilson, Etienne, (ed.) *Existentialisme chrétien: Gabriel*

Marcel，Plon，1947.

H. Spiegelberg，*The phenomenological Movement*，The Hague：Martinus Nijhoff，the third and enlarged edition，1980.

Schilp，P.A.，（ed.）*The Philosophy of Gabriel Marcel*，La Salle Illinois，1984.

马赛尔著，项退结编订:《人性尊严的存在背景》,台北:三民书局 1988 年版。

马赛尔著,陆达诚译:《是与有》,台北:商务印书馆 1990 年版。

陆达诚:《马赛尔》,台北:三民书局 1992 年版。

关永中:《爱、恨与死亡》,台北:商务印书馆 1997 年版。

陆达诚:《存有的光环》,台北:辅大出版社 2002 年版;复旦大学出版社 2016 年版。

马赛尔著,邱其玉译:《破碎的世界》,辅大哲研所硕士论文《马赛尔哲学的具体性与开放性》之附录,2009 年 7 月。

本文原载于《哲学与文化》2010 年第 2 期

图书在版编目(CIP)数据

保罗·利科六访马赛尔/(法)保罗·利科
(Paul Ricoeur),(法)加布里埃尔·马赛尔
(Gabriel Marcel)著;陆达诚译.—上海:上海人民
出版社,2024
ISBN 978-7-208-18453-4

Ⅰ.①保… Ⅱ.①保… ②加… ③陆… Ⅲ.①里克尔
(Ricoeur,Paul 1913-2005)-哲学思想-研究②马塞尔
(Marcel,Galriel 1889-1973)-哲学思想-研究 Ⅳ.
①B565.59

中国国家版本馆 CIP 数据核字(2023)第 146314 号

责任编辑 毛衍沁
封面设计 尚书堂

保罗·利科六访马赛尔

[法]保罗·利科
[法]加布里埃尔·马赛尔　著
陆达诚 译

出　　版　上海人民出版社
　　　　　(201101　上海市闵行区号景路 159 弄 C 座)
发　　行　上海人民出版社发行中心
印　　刷　上海商务联西印刷有限公司
开　　本　890×1240　1/32
印　　张　10.5
插　　页　4
字　　数　198,000
版　　次　2024 年 1 月第 1 版
印　　次　2024 年 1 月第 1 次印刷
ISBN 978-7-208-18453-4/B·1705
定　　价　65.00 元